Soziale Nachhaltigkeit in der Region

Marktwirtschaftliche Reformpolitik

—

Schriftenreihe der
Aktionsgemeinschaft Soziale Marktwirtschaft e.V.,
herausgegeben von Nils Goldschmidt,
Rolf H. Hasse und Stefan Kolev

Band 18

Soziale Nachhaltigkeit in der Region

Wirtschafts- und sozialpolitische Perspektiven

Herausgegeben von
Nils Goldschmidt und Marco Rehm

ISBN 978-3-11-070155-5
e-ISBN (PDF) 978-3-11-070167-8
e-ISBN (EPUB) 978-3-11-070178-4
ISSN 1433-8033

Library of Congress Control Number: 2022943753

Bibliografische Information der Deutschen Nationalbibliothek
Die Deutsche Nationalbibliothek verzeichnet diese Publikation in der Deutschen
Nationalbibliografie; detaillierte bibliografische Daten sind im Internet über
http://dnb.dnb.de abrufbar.

© 2023 Walter de Gruyter GmbH, Berlin/Boston
Satz: le-tex publishing services GmbH, Leipzig
Druck und Bindung: CPI books GmbH, Leck

www.degruyter.com

Zur Einführung

Nachhaltigkeit ist das Versprechen, die weitere Entwicklung der Menschheit so zu gestalten, dass die natürlichen Ressourcen der Erde nicht in einer Weise ausgebeutet werden, dass kommende Generationen keine lebenswerte Umwelt mehr vorfinden. Eine nachhaltige Entwicklung muss sich auf verschiedene Bereiche beziehen: Sie muss ökologisch nachhaltig sein, damit die natürliche Umwelt und insbesondere das Klima sich langfristig wieder stabilisiert; sie muss ökonomisch nachhaltig sein, um die wirtschaftlichen Grundlagen des Wohlstandes nicht zu vernichten und finanzielle Gestaltungsspielräume im Sinne der Nachhaltigkeit weiter offen zu halten; und sie muss sozial nachhaltig sein, damit künftige Generationen auch in Gesellschaften leben können, in denen jeder und jedem Einzelnen die Möglichkeit eröffnet wird, ein gutes und gelingendes Leben zu führen. Nachhaltigkeit ist ein übergreifendes Ziel der Politik und muss auch der Gradmesser für eine moderne Soziale Marktwirtschaft sein.

Nachhaltigkeit ist dabei mehr als eine staatliche und überstaatliche Aufgabe, sie bedarf vielmehr der kommunalen Verankerung und zahlreicher, regionaler Aktivitäten. Schon in der Agenda 21 der UN-Konferenz für Umwelt und Entwicklung aus dem Jahr 1992 in Rio de Janeiro wurde der Region eine besondere Bedeutung beigemessen:

> Da so viele der in der Agenda 21 angesprochenen Probleme und Lösungen ihre Wurzeln in Aktivitäten auf örtlicher Ebene haben, ist die Beteiligung und Mitwirkung der Kommunen ein entscheidender Faktor bei der Verwirklichung der Agendaziele. Kommunen errichten, verwalten und unterhalten die wirtschaftliche, soziale und ökologische Infrastruktur, überwachen den Planungsablauf, stellen die kommunale Umweltpolitik und kommunale Umweltvorschriften auf und wirken an der Umsetzung der nationalen und regionalen Umweltpolitik mit. Als Politik- und Verwaltungsebene, die den Bürgern am nächsten ist, spielen sie eine entscheidende Rolle dabei, die Öffentlichkeit aufzuklären und zu mobilisieren und im Hinblick auf die Förderung einer nachhaltigen Entwicklung auf ihre Anliegen einzugehen. (UNCED, Agenda 21, Kap. 28.1)

Obwohl es in der Öffentlichkeit nicht immer so wahrgenommen wird, finden sich in Deutschland zahlreiche Initiativen für eine regionale, nachhaltige Entwicklung. Ein Grund für die gute Annahme regionaler Nachhaltigkeitsprozesse in Deutschland ist die hohe Autonomie der Kommunen. Dazu zählen städteplanerische Entscheidungen, sozialpolitische Maßnahmen, aber auch gezielte Bildungsprojekte vor Ort. Hier spiegelt sich regionale Heterogenität wider, mit ihren eigenen Geschichten und Kulturen.

Die regionale Perspektive auf Nachhaltigkeit ist die Sicht der in diesem Band versammelten Beiträge. *Max Ostermayer*, *Martin Hennicke* und *Heinrich Tiemann* (Friedrich-Ebert-Stiftung) gehen der Frage nach, in welcher Form ganz grundlegend die Ungleichheit der Lebensverhältnisse in Deutschland beschrieben werden kann. Dafür entwickeln sie Indikatoren, die die unterschiedlichen Lebensrealitäten in Deutschland zum Ausdruck bringen: von den dynamischen Groß- und Mittelstädten mit Exklusionsgefahr bis hin zu den ländlich geprägten Räumen in der dauerhaften Strukturkrise. Sie zeigen, dass von einer simplen Ost-West-Spaltung hinsichtlich struktureller

Merkmale nicht die Rede sein kann, sondern dass es eines differenzierenden Blicks auf Regionen bedarf, um eine wirkungsvolle Wirtschaft- und Sozialpolitik gestalten zu können. Einen besonderen Schwerpunkt ihrer Analyse bilden die Auswirkungen der COVID-Krise auf regionale Disparitäten, die nach Abschluss der Konferenz in den Beitrag aufgenommen wurden.

Rüdiger Mautz, *Helena Reingen-Eifler* und *Berthold Vogel* (Soziologisches Forschungsinstitut an der Universität Göttingen) zeigen in ihrem Beitrag auf, inwieweit sich die Lebensverhältnisse innerhalb der Bundesrepublik unterscheiden. Dafür entwickeln sie das Konzept der Sozialen Orte. Danach werden Kommunen unter anderem hinsichtlich ihrer infrastrukturellen Gegebenheiten, die Eigenschaften ihrer jeweiligen zivilgesellschaftlichen und politischen Akteure sowie mit Blick auf Aktivitäten, die langfristige und überregionale Wirkung entfalten könnten, analysiert. Die drei Autor/-innen können anhand eines Beispiels aus Ostdeutschland zeigen, dass ein Blick auf konkrete, regionale Prozesse jenseits von Makrodaten es erlaubt, die soziale Kohäsion und deren Entwicklung in einer Region sinnvoll einschätzen zu können.

Der Beitrag von *Holger Seibert* und *Per Kropp* (Institut für Arbeitsmarkt- und Berufsforschung) bietet eine passende Ergänzung zum Beitrag von Rüdiger Mautz et al., indem er die Folgen des Kohleausstiegs für die ostdeutschen Braunkohlereviere untersucht. Dabei konzentrieren sich die Autoren vor allem auf den Arbeitsmarkt und die entsprechenden Tätigkeitsprofile. Sie können zeigen, dass der Kohleausstieg in den ostdeutschen Revieren vor allem eine wichtige symbolische Bedeutung hat, die arbeitsmarktlichen Auswirkungen jedoch nur sehr gering sind. Zudem skizzieren sie Möglichkeiten, wie sich die Probleme mit sozialstaatlichen Mitteln vor Ort auffangen ließen – mit dem Ziel einer nachhaltigeren Entwicklung im ostdeutschen Braunkohlerevier.

Andreas Hartung, *Max-Christopher Krapp* und *Martin Vaché* (Institut für Wohnen und Umwelt in Darmstadt) gehen der Frage nach, inwieweit innerhalb der Stadt Frankfurt am Main eine verstärkte Wohnungsnachfrage vom Zentrum in die peripheren Lagen stattfindet. Sie machen deutlich, dass die Entwicklung der Wohnungsnachfrage innerhalb der Stadt heterogen ausfällt. Daher sind auch Phänomene der Verdrängung von Altmietern aus ihrem Wohnraum ungleich innerhalb der Stadt verteilt.

Carolin Schröder (Zentrum für Technik und Gesellschaft an der Technischen Universität Berlin) prüft in ihrem Beitrag, ob „Smartness" von Städten zu einer nachhaltigeren sozialen Entwicklung beitragen kann. Damit ist nicht nur bloß eine verstärkte Digitalisierung der Verwaltung gemeint, sondern die Nutzung vor allem digitaler Technologie im Dienste von stärker partizipativen Prozessen mit höherem gesellschaftlichen Nutzen im Vergleich zu einer am Vorbild der Privatwirtschaft orientierten reinen Technisierung von Prozessen.

Tina Fletemeyer und *Stephan Friebel-Piechotta* (Institut für Ökonomische Bildung in Oldenburg) beleuchten regionale Ausbildungsmärkte für Fachkräfte aus einer Bildungsperspektive. Sie identifizieren dafür Problemfelder auf dem Ausbildungsmarkt und skizzieren die Lage der Berufsorientierung in allgemeinbildenden Schulen. Sie zeigen exemplarisch, wie Praxiskontakte mit regionalen Unternehmen eine Chance dafür bieten, dass Fachkräfte entweder in der Region gehalten oder diese wieder in eine Region zurückgeholt werden können – mit positiven Effekten auf die soziale Kohäsion.

Die Beiträge sind das Ergebnis einer Tagung an der Universität Siegen im November 2019 in Zusammenarbeit mit der Aktionsgemeinschaft Soziale Marktwirtschaft e. V., der Gesellschaft für Sozialen Fortschritt e. V. und der Evangelischen Fachhochschule Darmstadt. Mitorganisatoren der Tagung waren Giesela Kubon-Gilke (Evangelische Hochschule Darmstadt), Werner Sesselmeier (Universität Koblenz-Landau) und Aysel Yollu-Tok (Hochschule für Wirtschaft und Recht Berlin). Wir danken allen Mitwirkenden an der Tagung und vor allem den Autorinnen und Autoren für ihre Geduld bei der Drucklegung des Bandes.

Siegen, im August 2022   Nils Goldschmidt und Marco Rehm

Inhalt

Zur Einführung —— V

Max Ostermayer, Martin Hennicke und Heinrich Tiemann
1   Ungleiches Deutschland: Regionale Disparitäten und was dagegen getan werden kann —— 1
1.1   Deutschland heute: Regionale Disparitäten – ungleiche Lebensbedingungen —— 1
1.2   Bericht der Kommission: Kein Erkenntnisdefizit – aber Handlungsdefizite —— 3
1.3   Coronakrise und regionale Disparitäten —— 5
1.4   Konjunktur- und Krisenbewältigungspaket —— 6
1.5   Steuermittel und Fördermittel? —— 7
1.6   Aktive Politik? —— 8
1.7   Literaturverzeichnis —— 8

Rüdiger Mautz, Helena Reingen-Eifler und Berthold Vogel
2   Zusammenhalt durch Soziale Orte: Neue Perspektiven für den ländlichen Raum —— 9
2.1   Das Soziale-Orte-Konzept —— 13
2.2   Untersuchungsregion und Fragestellungen —— 15
2.3   Empirie und Methode —— 16
2.4   Zusammenhalt im Gedächtnis einer Transformationsgesellschaft —— 17
2.5   Zusammenhalt als nahräumliche, reziproke Erfahrung —— 19
2.6   Zusammenhalt als Haltungs- und Wertefrage —— 20
2.7   Zusammenhalt als Anforderung an neues Engagement – Soziale Orte als Perspektive —— 22
2.8   Die Fallstudien —— 24
2.9   Zur Genese Sozialer Orte – zentrale Ergebnisse und Schlussfolgerungen —— 26
2.10   Literaturverzeichnis —— 31

Per Kropp und Holger Seibert
3   Der Kohleausstieg und seine potenziellen Folgen für die regionale Beschäftigungsstruktur: Ein Blick in die Reviere —— 33
3.1   Einleitung —— 33
3.2   Beschäftigung im Braunkohlesektor (Förderung und Verstromung) seit 2007 im regionalen Branchenmix —— 36
3.3   Die Belegschaften in der Braunkohle – Fachkräftepotenzial von morgen? —— 41

3.3.1	Schrumpfendes Erwerbspersonenpotenzial – insbesondere im Osten —— 41
3.3.2	Struktur der Braunkohlebeschäftigten —— 42
3.4	Indirekte und induzierte Beschäftigungseffekte —— 47
3.5	Fazit —— 49
3.6	Literaturverzeichnis —— 50
3.7	Anhang —— 52

Andreas Hartung, Max-Christopher Krapp und Martin Vaché

4   Lokale Mietpreissteigerungen in Frankfurt am Main und damit einhergehende sozialräumliche Wandlungsprozesse —— 57

4.1	Einleitung —— 57
4.2	Räumliche Ausgangslage —— 59
4.3	Der Frankfurter Mietspiegeldatensatz —— 60
4.4	Erfassung der lokalen Mietpreissteigerung —— 62
4.5	Lokale Mietpreissteigerung als Indikator für städtische Wandlungsprozesse —— 65
4.6	Schluss —— 70
4.7	Literaturverzeichnis —— 72
4.8	Anhang —— 75

Carolin Schröder

5   Nachhaltige Entwicklung und Smartness: Entwicklungslinien und Herausforderungen für Städte und Regionen —— 77

5.1	Entwicklungslinien nachhaltiger Entwicklung in Städten und Kommunen —— 77
5.2	Entwicklungslinien smarter Entwicklung in Städten und Kommunen —— 79
5.3	Gemeinsamkeiten und Herausforderungen – Soziale Nachhaltigkeit in der Region —— 81
5.4	Ausblick —— 83
5.5	Literaturverzeichnis —— 83

Tina Fletemeyer und Stephan Friebel-Piechotta

6   Damit sie bleiben oder wiederkommen! Schulische Berufliche Orientierung als ein Ansatzpunkt zur Reduzierung des regionalen Fachkräftemangels —— 87

6.1	Fachkräftemangel als (regionale) Herausforderung —— 87
6.2	Berufliche Orientierung an allgemeinbildenden Schulen: Ziele, Inhalte, Methoden —— 91
6.3	Partizipationsmöglichkeiten der regionalen Wirtschaft an der schulischen Beruflichen Orientierung —— 95

6.3.1	Formen und Verortung von Praxiskontakten in der Beruflichen Orientierung —— **97**	
6.3.2	Unterrichtliche Realisierung von Praxiskontakten —— **99**	
6.4	Herausforderungen für Unternehmen in der schulischen Beruflichen Orientierung —— **101**	
6.5	Fazit und Ausblick —— **103**	
6.6	Literaturverzeichnis —— **104**	

Abbildungsverzeichnis —— 109

Tabellenverzeichnis —— 111

Autorenverzeichnis —— 113

Max Ostermayer, Martin Hennicke und Heinrich Tiemann
1 Ungleiches Deutschland: Regionale Disparitäten und was dagegen getan werden kann

Bis zur Coronakrise ging es Deutschland wirtschaftlich insgesamt gut. Genauer: Deutschland ging es im Durchschnitt gut. Allerdings mit zunehmend ungleichen Voraussetzungen. In vielen Regionen verdichten sich wirtschaftliche, soziale und demografische Schieflagen zu einem Bündel von Problemen. Die Auswirkungen von Globalisierung, Digitalisierung und demografischem Wandel beschleunigen einen Strukturwandel, der aktuell zu einer zunehmenden räumlichen Polarisierung führt.

1.1 Deutschland heute: Regionale Disparitäten – ungleiche Lebensbedingungen

Bereits der Raumordnungsbericht 2011 der Bundesregierung (dem die Daten bis zum Jahr 2009 zugrunde liegen) zeigte schon deutliche soziogeografische Unterschiede zwischen Süden und Norden, vor allem aber zwischen Westen und Osten (vgl. BBSR 2012). Dass Deutschland inzwischen ein sehr ungleiches Land ist, hatte die Studie „Ungleiches Deutschland: Sozioökonomischer Disparitätenbericht 2015" der Friedrich-Ebert-Stiftung anhand sozioökonomischer Indikatoren eindrucksvoll bestätigt (vgl. Albrech et al. 2016).

Um über die Betrachtung einzelner Faktoren hinauszugehen und vielmehr den Zusammenhang zwischen den wachsenden wirtschaftlichen, sozialen und politischen Verwerfungen aufzuzeigen, hat die Friedrich-Ebert-Stiftung auf dieser Grundlage die Studie „Ungleiches Deutschland: Sozioökonomischer Disparitätenbericht 2019" vorgelegt (vgl. Fink et al. 2019). Sie informiert zunächst auf Basis einer aktuelleren Datengrundlage über neue Trends in der Entwicklung der Arbeits- und Lebensverhältnisse. Neu ist die Darstellung, wie die einzelnen Indikatoren zusammenwirken. Anhand der Berechnungen des Instituts für Landes- und Stadtentwicklungsforschung Dortmund (ILS) im Rahmen einer Clusteranalyse zeigt die Studie deutlich, dass sich die sozialen und ökonomischen Lebensumstände der Menschen, abhängig vom Wohnort, deutlich voneinander unterscheiden. Problemlagen, wie beispielsweise hohe Arbeitslosigkeit, eine hohe kommunale Verschuldung oder Kinderarmut, treten räumlich konzentriert auf. Tatsächlich, so das Ergebnis, kann man nicht von einem Land sprechen: Wie Abb. 1.1 zeigt, gibt es geradezu mehrere Deutschlands mit ganz unterschiedlichen Lebensrealitäten. Kurz gesagt: Ökonomische, räumliche und damit soziale wie politische Polarisierungen prägen unser Land:

Abb. 1.1: Die Disparitätenkarte

- Gleichwertige Lebensverhältnisse sind offensichtlich durch das Wirtschaftswachstum der letzten zehn Jahre und die bislang praktizierte Politik des räumlichen Ausgleichs nicht erreicht worden. Gravierende räumliche Unterschiede in Bezug auf Beschäftigung, Wohlstand und Einkommen, Armutsgefährdung, Lebenserwartung sowie die fehlende Fähigkeit zu staatlichem Gegensteuern begründen ein deutliches Wohlstandsgefälle.
- Mehr als 69 Millionen Deutsche oder mehr als 83 Prozent der Bevölkerung leben in dynamischen Groß- und Mittelstädten mit einem wirtschaftsstarken Umland sowie in Kommunen ohne gravierende Abweichungen zum Bundesmittel („Deutschlands solide Mitte"). Allerdings droht zunehmend Exklusion und Verdrängung in den erfolgreichen urbanen Räumen durch steigende Lebenshaltungskosten und eine überlastete Infrastruktur.
- Mehr als 13,5 Millionen oder fast 16,4 Prozent der deutschen Bevölkerung leben in Regionen mit schweren Strukturproblemen. Diese sind gekennzeichnet durch hohe kommunale Verschuldung, schwerwiegende Defizite in der örtlichen Infrastruktur, geringere Beschäftigungs- und Einkommensperspektiven bis hin zu hoher Armutsgefährdung für Kinder und ältere Menschen.

- In vielen strukturschwachen Kommunen altindustrieller Regionen und peripherer ländlicher Räume kann staatliches Handeln nicht mehr gegensteuern, da die lokalen Haushalte überschuldet sind und Investitionen schon seit Langem zurückgefahren werden mussten. Binnenwanderungen verstärken die Disparitäten. Die Abwanderung aus den peripheren Räumen bedeutet eine zusätzliche Zuspitzung, da zumeist gut ausgebildete junge Menschen und junge Familien in die Wachstumsregionen mit ihren attraktiven Arbeitsmärkten umziehen.

Lange Zeit hat die Politik den Zusammenhang zwischen regionalen wirtschaftlichen Unterschieden und ihren weitreichenden Folgen für den gesellschaftlichen Zusammenhalt mehr oder weniger ignoriert und nur unzureichende Antworten gegeben. Sie hat die Neuordnung der Bund-Länder-Finanzbeziehungen ab 2020 nicht dazu genutzt, die öffentlichen Finanzen für die Zukunft grundlegend zugunsten der wirtschaftlich und finanziell schwächeren Länder und Regionen zu verändern. Die Reform stellt zwar alle Länder zusammen besser, ändert aber nichts am Gefälle der Länder untereinander. Reich bleibt reich. Arm bleibt arm. Daran ändern die diversen Fach-Programme von Bund und Ländern in jüngster Zeit nur wenig. Sie sind zwar wichtige einzelpolitische Maßnahmen, aber in der Regel zeitlich befristet und unterdimensioniert. Sie können die sich verschärfenden Disparitäten allenfalls lindern, aber nicht ihre strukturellen Ursachen beseitigen. Dies hat auch politische Auswirkungen. Eine – wenn auch nicht die einzige – Ursache für den erstarkenden Rechtspopulismus ist diese skizzierte manifeste Ungleichheit der Arbeits- und Lebenssituationen. In vielen Regionen zeigt sich: Dort, wo der Staat nicht handlungsfähig ist, nimmt das Vertrauen in Politik und Demokratie ab.

Die politische Kontroverse über Gewinner/-innen und Verlierer/-innen des ökonomischen Strukturwandels hat die Diskussion zu ungleichwerten Lebensverhältnissen im Land in den letzten Jahren befeuert. Eine neue Regional-, Struktur-, Bildungs- und Finanzpolitik wird von vielen Seiten eingefordert. Die Koalition von CDU/CSU und SPD hatte daraus zu Beginn der Legislaturperiode 2017–2021 Konsequenzen gezogen und die Kommission „Gleichwertige Lebensverhältnisse" berufen. Diese legte Mitte 2019 ein umfassendes Konzept zur Bekämpfung ungleicher Lebensverhältnisse vor.

1.2 Bericht der Kommission: Kein Erkenntnisdefizit – aber Handlungsdefizite

Der Bundesinnenminister überraschte bei der Vorstellung der Kommissionsergebnisse zunächst durch radikale Einsichten: „Wir brauchen wieder einen aktiveren Staat, der die Mängel der sozialen Marktwirtschaft ausgleicht und uns von dem Irrglauben befreit, die Marktwirtschaft löse alles". Und die Bundesregierung sieht in der Schaffung gleichwertiger Lebensverhältnisse „eine herausragende Aufgabe für die kom-

mende Dekade". Sie will Maßnahmen ergreifen, die „bereits in dieser Legislaturperiode erste Veränderungen bewirken" (Bundesregierung 2019; BMI 2019):
- Mit einem „Gesamtdeutschen Fördersystem für strukturschwache Regionen" sollen strukturschwache Räume in ganz Deutschland gezielt gefördert werden, d. h., die bisher nur für Ostdeutschland geltenden Programme sind zukünftig auch gesamtdeutsch einsetzbar.
- Im Rahmen einer Selbstverpflichtung sollen zukünftig zudem neue Behördenstandorte bevorzugt in strukturschwachen Regionen angesiedelt werden.
- Auch die Gemeinschaftsaufgabe „Verbesserung der Agrarstruktur und des Küstenschutzes" soll auf allgemeine Aufgaben der Daseinsvorsorge ausgeweitet werden. Die Maßnahmen sollen sich auf wirklich bedürftige Räume und inhaltliche Stärkung der Daseinsvorsorge konzentrieren. Was mit den bedürftigen städtischen Regionen und deren Infrastrukturmängeln passiert, bleibt damit jedoch weiterhin offen.
- Breitband und Mobilfunk sollen flächendeckend ausgebaut werden, versprochen wird eine hundertprozentige Abdeckung in allen Regionen, allerdings ohne zusätzliche Mittel. Zudem soll eine Infrastrukturgesellschaft zur Bereitstellung von Mobilfunktechnologie geprüft werden.
- Angestrebt wird außerdem ein „nationaler Konsens" zur Entschuldung von Kommunen, allerdings nur, wenn die entschuldeten Kommunen keine neuen Kassenkredite mehr aufnehmen dürfen. Da Kassenkredite allerdings ein grundsätzlich vernünftiges Instrument der kommunalen Liquiditätsvorsorge sind, erscheint diese Voraussetzung wenig sinnvoll.
- Der Bund wird sich bei Qualität und Teilhabe in der Kindertagesbetreuung über 2022 hinaus finanziell engagieren.
- Zuletzt will der Bund eine „Deutsche Stiftung für Engagement und Ehrenamt" gründen. Sie soll das Miteinander der Bürger/-innen in den strukturschwachen und ländlichen Regionen unterstützen. Daneben soll ein neues Bundesprogramm den gesellschaftlichen Zusammenhalt fördern.

Es bleibt daher festzuhalten: Mit dem Abschlussbericht der Kommission gibt es keine Erkenntnisdefizite hinsichtlich der räumlichen Polarisierung mehr. Trotz der angekündigten Maßnahmen bestehen aber weiterhin erhebliche Handlungsdefizite.

Seit Beginn des Jahrs 2020 ist zudem ein weiterer Faktor hinzugekommen, der mit großer Wahrscheinlichkeit auch auf regionale Entwicklungspfade und damit die räumliche Polarisierung durchschlagen wird: die Coronapandemie. Sie hat zu einem symmetrischen Nachfrage- und Angebotsschock geführt und ihre wirtschaftlichen und gesellschaftlichen Folgen lassen wirtschaftlichen und gesellschaftlichen Strukturen nicht unberührt.

1.3 Coronakrise und regionale Disparitäten

Die Auswirkungen der Coronakrise auf die Regionen in Deutschland sind wenig erforscht. Es fehlen noch Daten und Analysen, wie sich die dem Lockdown folgende Wirtschaftskrise auf die einzelnen Regionen ausgewirkt hat und noch auswirken wird.

Zunächst ist festzuhalten, dass die wirtschaftlichen Verwerfungen Branchen und Wirtschaftszweige und damit auch Regionen unterschiedlich treffen. Schon vor der Coronakrise standen wir am Anfang tiefgreifender wirtschaftsstruktureller Umbrüche, zum Beispiel durch die beschleunigte Digitalisierung, die Transformation der Automobilindustrie, das zunehmende Re-Shoring der Produktion und die Dekarbonisierung der Industrie. Die Coronapandemie verstärkt den in vielen Branchen stattfindenden Strukturwandel zusätzlich. Dabei werden unter anderen die Wertschöpfungsstrukturen (Lieferketten usw.) und die Arbeitsorganisation (flexible, mobile Arbeitsmodelle, zunehmende Verbreitung von Home-Office und Onlinehandel) und damit das Verhältnis zwischen Stadt und Land neu justiert. Unternehmensstandort, Arbeitsplatz und Wohnort werden entkoppelt. Vorhandene Disparitäten werden eingeebnet oder vertieft, neue kommen hinzu.

Klar ist, dass der unmittelbare Rückgang der Wirtschaftsleistung zu pandemiebedingten Defiziten beim kommunalen Steueraufkommen, zum Beispiel bei der Gewerbesteuer, führen und eine Lücke bei den Investitionsmitteln für die Daseinsvorsorge reißen wird. Auch davon werden die Kommunen und Regionen unterschiedlich betroffen sein. Nachvollziehbar ist ebenfalls, dass die kommunalen Anstrengungen zur Bekämpfung der Pandemie Ressourcen binden, was wiederum dazu führen könnte, dass Investitionsprogramme des Bundes und der Länder noch langsamer als bisher von den Kommunen genutzt werden. Man schätzt, dass sich das Volumen der nicht abgerufenen Investitionsmittel aus verschiedenen Programmen von Bund und Ländern schon vor Beginn der Pandemie auf ca. 35 Mrd. Euro aufsummiert hat (vgl. Greive/Riedel 2020).

Dies sind nur zwei Gründe, die befürchten lassen, dass gerade in den strukturschwachen Regionen mit finanzschwachen Kommunen die zusätzlichen Belastungen durch die Coronapandemie die Investitionstätigkeiten weiter deutlich absinken lassen. Denn schon bisher waren es die finanzschwachen Kommunen, die Bundes- und Landesprogramme aufgrund fehlender Eigenanteile sowie nicht-monetärer Investitionshemmnisse, wie fehlenden Personals in den Bau- und Planungsverwaltungen, komplizierter Vergabe-, Genehmigungs- und Beteiligungsverfahren, nicht abrufen konnten.

1.4 Konjunktur- und Krisenbewältigungspaket

Die Bundesregierung begegnet den Auswirkungen der Coronapandemie mit einem umfangreichen Konjunktur- und Krisenbewältigungspaket (vgl. BMF 2020). Der Beschluss des Koalitionsausschusses sieht Maßnahmen im Umfang von 130 Mrd. Euro in den Jahren 2020 und 2021 vor. Für den Zeitraum 2020 bis 2024 sind Investitionsausgaben von rund 270 Mrd. Euro geplant. Hinzu kommen noch die Investitionspakete vieler Länder, die in ihrem Volumen allerdings deutlich geringer ausfallen.

Circa ein Drittel der Mittel im Paket des Bundes sollen in staatliche Infrastrukturinvestitionen fließen. Hierzu zählen zum Beispiel zusätzliche Regionalisierungsmittel für den ÖPNV, Investitionshilfen für den Gesundheitssektor, für die digitale Infrastruktur, für den Ausbau der Ganztagsbetreuung und der Kindertagesbetreuung, die nationale Klimaschutzinitiative sowie die Ladeinfrastruktur für Elektromobile. Damit reagieren Bund und Länder teilweise auf den Bedarf an öffentlichen Infrastrukturinvestitionen, der für die nächsten zehn Jahre auf über 450 Mrd. Euro geschätzt wird (vgl. Barth et al. 2019).

Zusätzlich hat der Bund auf die Steuernot der Kommunen in der Coronakrise reagiert. Er fängt, gemeinsam mit den Ländern, deren Gewerbesteuerausfälle mit ca. 12. Mrd. Euro teilweise auf und übernimmt die Kosten der Unterkunft in der Grundsicherung für Arbeitssuchende (SGB II) zukünftig zu 75 Prozent und entlastet damit die Kommunen. Ebenfalls hat der Bund mittlerweile die Fortführung des Kurzarbeitergeldes bis Ende 2021 beschlossen.

- Diese Stabilisierungspolitik versucht den absehbar krisenbedingt weiterwachsenden regionalen Disparitäten entgegenzuwirken. Sie nutzt dabei den von der Regierungskommission „Gleichwertige Lebensverhältnisse" angekündigten Paradigmenwechsel als Blaupause für die aktuelle Krisentherapie und greift in Teilen auf die dort angedachten Instrumente zurück. Das sind zunächst die zusätzlichen Infrastrukturmittel, zum Beispiel für Bildung und Betreuung und technische Infrastrukturen.
- Das Motiv der Stabilisierung trifft auch zu auf die Entlastung der Kommunen bei den Sozialtransfers, die insbesondere strukturschwachen Kommunen mit hohen Sozialausgaben hilft.
- Auch die vorgesehenen Investitionen öffentlicher Unternehmen, zum Beispiel der Deutschen Bahn, die auch strukturschwachen Regionen zugutekommt, können dazu beitragen, dass sich räumliche Disparitäten nicht weiter verfestigen.

Trotz dieser Fortschritte ist es im Rahmen des Konjunktur- und Krisenbewältigungspakets nicht gelungen, die Entschuldung der vielen überschuldeten Kommunen in Deutschland durchzusetzen. Diese Ankündigung im Bericht der Kommission war unter den Bedingungen der Krise politisch nicht durchzusetzen, weil sie nicht mehrheitsfähig war. Die nachhaltige Entlastung von Altschulden wäre eine wesentliche Voraussetzung gewesen, um die Kommunen, die zusammen mit den Ländern circa zwei Drittel der öffentlichen Daseinsvorsorge leisten, wieder zu einer eigenen Investitionstätigkeit und einer eigenständigen Strukturpolitik zu befähigen.

In diesem Zusammenhang ist auch zu verweisen auf die erheblichen Mittel aus dem ebenfalls im Sommer 2020 beschlossenen Kohleausstiegsgesetz in Verbindung mit dem Strukturstärkungsgesetz Kohleregionen. Für die betroffenen Braunkohlereviere sind insgesamt 40 Mrd. Euro bis 2038 an Strukturhilfen vorgesehen (vgl. BGBl 2020). Mehr als zwei Drittel dieser riesigen Summe geht an ostdeutsche Regionen, die dem Typus der „ländlich geprägten Regionen in einer anhaltenden Strukturkrise" zugeordnet werden müssen (vgl. Abb.1.1). Diese ostdeutschen Reviere verlieren zwar durch den Kohleausstieg circa 10.000 relativ gut bezahlte, sozialversicherungspflichtige Arbeitsplätze (vgl. Arens et al. 2019), erhalten dafür aber über einen Zeitraum von mehr als 15 Jahren hohe Finanzmittel für ihren notwendigen Anpassungs- und Modernisierungsprozess.

1.5 Steuermittel und Fördermittel?

Die genannten strukturellen Trends eröffnen Chancen für einen zukunftsorientierten Wachstumspfad. Aber die verabredeten wirtschafts- und strukturpolitischen Maßnahmen werden nicht ausreichen, um die der Wirtschaftskrise immanente Tendenz zu zunehmender räumlicher Differenzierung und Polarisierung wirksam entgegenzuwirken. Um den Aufbau einer integrativeren Wirtschaft zu fördern, sind zusätzliche fiskalpolitische Impulse von Bund und Ländern notwendig. Sie gilt es richtig zu strukturieren und zu kombinieren:

- Dabei ist zunächst die Frage zu beantworten, ob sich in einem ersten Schritt ein Abbau der bestehenden Disparitäten nicht einfacher, schneller und wirksamer über eine gezielte Verbesserung der Finanzausstattung strukturschwacher Regionen als über weitere Förderprogramme erreichen ließe.
- Vor allem die genannten nicht-monetären Investitionshemmnisse, also Personalengpässe und Regularien, sind es, die die Handlungsfähigkeit vieler Gemeinden schon jetzt behindern. Hier ist grundsätzliche Abhilfe aktuell und für die Zukunft notwendig.
- Außerdem wäre zu überlegen, perspektivisch die Fachprogramme, zum Beispiel für Verkehr, Städtebau, Hochschulen usw. vollumfänglich in das Gesamtdeutsche Fördersystem für strukturschwache Regionen zu integrieren und die Verteilung der Mittel dieser Fachprogramme stärker als bisher am Bedarf der vor allem strukturschwachen Regionen auszurichten. Getreu dem Prinzip: „Ungleiches ungleich behandeln".

Fortschritte bei diesen Punkten wird es nur geben, wenn eine neue Debatte über die Reform des bestehenden Fiskalföderalismus eröffnet wird. Sie muss geführt werden, wenn man die Einsicht teilt, dass eine funktionierende marktwirtschaftliche Ordnung eines auf allen Ebenen und in allen Regionen handlungsfähigen Staates bedarf.

1.6 Aktive Politik?

Mit der Arbeit der Kommission, dem Kabinettsbeschluss zur Umsetzung der Ergebnisse und den anschließenden Schritten der Bundesregierung war die Debatte zur Schaffung gleichwertiger Lebensverhältnisse in Gang gekommen. Jetzt geht es darum, im Rahmen der Antikrisenpolitik einen Politikansatz durchzusetzen, der entschlossen, direkt und mittelbar die vorhandenen und sich vertiefenden Ungleichgewichte bekämpft. Dazu ist eine aktive Struktur- und vor allem Regionalpolitik dringend notwendig. Will die Politik dabei tatsächlich erfolgreich sein, wird sie aber um einen weitergehenden Umbau auch des Bildungs-, Forschungs- sowie des Fiskalföderalismus nicht herumkommen. Zudem sind kräftige Impulse für die Stärkung der Zivilgesellschaft notwendig. Denn nur so lassen sich gleichwertige Lebensverhältnisse und sozialer Zusammenhalt in der Zukunft verwirklichen. Vorschläge und Ideen liegen auf dem Tisch.

1.7 Literaturverzeichnis

Albrech, J./Fink, P./Tiemann, H. 2016. Ungleiches Deutschland. Sozio-ökonomischer Disparitätenbericht 2015. Bonn: Friedrich-Ebert-Stiftung.

Arens, C./Blerwirth, A./Koska, T./Thema J./Wagner O. 2019. Die Debatte um den Klimaschutz. Mythen, Fakten, Argumente. Bonn: Friedrich-Ebert-Stiftung.

Barth, H./Dullien, S./Hüther, M./Ritzler, K. 2019. Für eine solide Finanzpolitik. Investitionen ermöglichen! IMK-Report Nr. 152. Düsseldorf.

Bundesinstitut für Bau-, Stadt- und Raumforschung (BBSR) 2012. Raumordnungsbericht 2011. Bonn.

Bundesministerium der Finanzen (BMF) 2020. Corona-Folgen bekämpfen, Wohlstand sichern, Zukunftsfähigkeit stärken. Ergebnis Koalitionsausschuss 3. Juni 2020. URL: www.bundesfinanzministerium.de/Content/DE/Standardartikel/Themen/Schlaglichter/Konjunkturpaket/2020-06-03-eckpunktepapier.pdf?__blob=publicationFile&v=8 (letzter Aufruf: 15.10.2020).

Bundesregierung 2019. Maßnahmen der Bundesregierung zur Umsetzung der Ergebnisse der Kommission „Gleichwertige Lebensverhältnisse", URL: www.bmi.bund.de/SharedDocs/downloads/DE/veroeffentlichungen/themen/heimat-integration/gleichwertige-lebensverhaeltnisse/kom-gl-massnahmen.pdf?__blob=publicationFile&v=4 (letzter Aufruf: 15.10.2020).

Bundesministerium des Innern, für Bau und Heimat (BMI) 2019. Unser Plan für Deutschland. Gleichwertige Lebensverhältnisse überall. Berlin.

Bundesgesetzblatt (BGBl) 2020. Strukturstärkungsgesetz Kohleregionen, Jahrgang 2020 Teil I Nr. 37. Bonn.

Fink, P./Hennicke, M./Tiemann, H. 2019. Ungleiches Deutschland. Sozioökonomischer Disparitätenbericht 2019. Bonn: Friedrich-Ebert-Stiftung.

Greive, M./Riedel, D. 2020. Staat sitzt auf mehr als 30 Milliarden Euro – und kann das Geld nicht ausgeben. Handelsblatt vom 7. Januar 2020. URL: www.handelsblatt.com/politik/deutschland/investitionsstau-staat-sitzt-auf-mehr-als-30-milliarden-euro-und-kann-das-geld-nicht-ausgeben/25391642.html, (letzter Aufruf: 15.10.2020).

Rüdiger Mautz, Helena Reingen-Eifler und Berthold Vogel
2 Zusammenhalt durch Soziale Orte: Neue Perspektiven für den ländlichen Raum

Seit vielen Jahren beklagt Politik und analysiert Wissenschaft wachsende regionale Disparitäten und sozialräumliche Unterschiede. Denn diese Entwicklung stellt das vom Grundgesetz vorgegebene Ziel gleichwertiger Lebensverhältnisse in Frage und sie provoziert die Tragfähigkeit gesellschaftlichen Zusammenhalts (vgl. Kersten et al. 2017). Dementsprechend werden in der politischen Debatte Gefährdungsszenarien beschworen. Befürchtungen richten sich etwa darauf, dass immer mehr Menschen hierzulande den demokratischen Grundkonsens aufkündigen könnten – zum Beispiel infolge eines allgemeinen Vertrauensverlusts in die demokratischen Institutionen. Nicht wenige Befürchtungen richten sich zudem auf die Frage, ob Ost- und Westdeutschland unter mentalen, materiellen und soziopolitischen Gesichtspunkten inzwischen tatsächlich zu einer „Einheit" zusammengewachsen sind oder sich weiterhin Gräben auftun – zum Beispiel mit Blick auf unterschiedliche Lebensverhältnisse und -standards oder im Hinblick auf das Wahlverhalten und die Anfälligkeit für autoritäre oder rechtspopulistische Positionen.

Auch in der sozialwissenschaftlichen Diskussion werden Anzeichen für die Gefährdung des gesellschaftlichen Zusammenhalts in einer – nicht zuletzt unter regionalen Gesichtspunkten – sich vertiefenden soziopolitischen Spaltung des Landes gesehen: als Konsequenz wachsender sozialer Ungleichheit und subjektiv wahrgenommener Benachteiligung sowie einhergehend mit einer zunehmenden Empfänglichkeit für „autoritäre Versuchungen" (Heitmeyer 2018, 89 ff.) bzw. „intolerante und demokratieskeptische Einstellungen" (Salomo 2019). In dieser Debatte spielt der Vergleich zwischen der Situation in den alten und den neuen Bundesländern eine wichtige Rolle. Für die Brisanz dieses Themas spricht weiterhin, dass es in den vergangenen Jahren ein verstärktes Interesse an sozialwissenschaftlicher Expertise zur Frage regionaler Ungleichentwicklungen in Deutschland gibt. Allein in 2019 wurden zum Beispiel die folgenden einschlägigen Forschungsberichte veröffentlicht: der von der Friedrich-Ebert-Stiftung herausgegebene „sozioökonomische Disparitätenbericht 2019" mit dem Titel „Ungleiches Deutschland" (Fina et al. 2019; Fink et al. 2019); eine Studie des Kölner Instituts der deutschen Wirtschaft (IW) zur „Zukunft der Regionen in Deutschland" (Hüther et al. 2019a); der vom Berlin-Institut für Bevölkerung und Entwicklung sowie der Wüstenrot Stiftung herausgegebene „Teilhabeatlas Deutschland. Ungleiche Lebensverhältnisse und wie die Menschen sie wahrnehmen" (Berlin-Institut 2019); der vom Bundesinnenministerium herausgegebene „Deutschlandatlas. Karten zu gleichwertigen Lebensverhältnissen" (BMI 2019a); sowie der ebenfalls vom Bundesinnenministerium herausgegebene Kommissionsbericht „Unser Plan für Deutschland – Gleichwertige Lebensverhältnisse überall" (BMI 2019b).

Auf Grundlage indikatorengestützter regionaler Clusteranalysen entwerfen die Forschungsberichte Landkarten regionaler Ungleichheit: Je nach methodischem Ansatz und Clusterungsprinzip stehen hier ausgesprochene Wohlstandsregionen sowie eine sozioökonomisch „solide Mitte" den Regionen „in der dauerhaften Strukturkrise" gegenüber (Fina et al. 2019), werden Regionen mit guten, eingeschränkten oder aber geringen Teilhabechancen voneinander unterschieden (vgl. Berlin-Institut 2019), zeichnet sich ein Bild ungleicher regionaler Entwicklungschancen in den Bereichen Wirtschaft, Demografie und Infrastruktur ab, wobei „Raumordnungsregionen" mit guten Entwicklungsaussichten den mehr oder weniger „gefährdeten" Regionen gegenüberstehen (Hüther et al. 2019a).

Die regionalen Cluster der verschiedenen Studien verlaufen zwar im Prinzip quer zum jeweiligen Gebiet der alten und der neuen Bundesländer, aber faktisch zeigt sich, dass sich die sogenannten Problemregionen vor allem in Ostdeutschland konzentrieren. So zeigt der Sozioökonomische Disparitätenbericht 2019 der Friedrich-Ebert-Stiftung, dass immer noch ein deutliches Wohlstandsgefälle zwischen den neuen Bundesländern (mit Ausnahme des Umlands von Berlin und einiger weniger städtischer Zentren wie Dresden oder Jena) einerseits und den meisten Regionen in den alten Bundesländern andererseits existiert (Problemregionen sind hier vor allem altindustriell geprägte Stadtregionen wie Teile des Ruhrgebiets oder des Saarlandes) (vgl. Fink et al. 2019, 13). Der Bericht kommt zu dem Ergebnis, dass „in den vornehmlich ländlich geprägten Regionen Ostdeutschlands die Nachwirkungen der deutschen Wiedervereinigung und des nachfolgenden Zusammenbruchs ganzer Wirtschaftszweige und Arbeitsmärkte in der ehemaligen DDR zu spüren" seien. „Trotz einiger vielversprechender Ansätze" sei es bisher nicht gelungen, hier „für die Breite der Gesellschaft neue Perspektiven insbesondere auf dem Arbeitsmarkt zu entwickeln" (Fink et al. 2019, 8). Eine „Politik für gleichwertige Lebensverhältnisse und gesellschaftlichen Zusammenhalt" stehe deswegen auf der politischen Tagesordnung, nicht zuletzt auch deswegen, um „rechtspopulistischen Bewegungen den Nährboden zu entziehen" (Fink et al. 2019, 14 ff.).

Die Studie des IW hebt den demografischen Wandel als wesentliche Ursache fortbestehender Disparitäten zwischen Ost- und Westdeutschland hervor: Es sei die „demografische Struktur", die einen „tiefgreifenden Unterschied zwischen den alten und den neuen Bundesländern" beschreibe. Dieser Unterschied werde

> zum Beispiel deutlich am Anteil der Menschen unter und über 45 Jahre, am Anteil der Menschen mit MINT-Qualifikationen (Mathematik, Informatik, Naturwissenschaften, Technik) nach Altersgruppen, am Anteil der Menschen im hohen Alter (über 80 Jahre) und am Anteil der Menschen mit Migrationshintergrund. (Hüther et al. 2019b, 10)

Letztlich seien es die Faktoren „Alterung und Schrumpfung der Gesellschaft" sowie Defizite bei der infrastrukturellen Ausstattung, bei denen die IW-Studie insbesondere im ländlichen Raum Ostdeutschlands einen hohen Gefährdungsgrad im Hinblick auf die regionale Entwicklung sowie einen „eindeutigen" Aufhol- und Handlungsbedarf sieht (Oberst et al. 2019, 110). Zu ganz ähnlichen Befunden kommt auch der „Teilhabeatlas Deutschland": Die größten Teilhabedefizite weist das Cluster der „abgehängten" Regionen auf, wobei es sich ausschließlich um ländlich geprägte Landkreise handelt, die nur in einigen Ausnahmefällen in den westdeutschen, dagegen ganz überwiegend in den ostdeutschen Bundesländern liegen und hier große Teile des Landesgebiets umfassen (Berlin-Institut 2019, 12).

Ein zentrales Fazit der verschiedenen Problemdiagnosen lässt sich dahingehend ziehen, dass die soziale Nachhaltigkeit in den Problemregionen – in Ost- wie in Westdeutschland – nicht (mehr) gewährleistet ist. Eine solche Diagnose trifft insbesondere dort zu, wo seit längerem ein Abbau von Leistungen und Maßnahmen der Daseinsvorsorge zu verzeichnen ist, etwa durch Ausdünnung und/oder fortschreitende Zentralisierung von Versorgungsinfrastrukturen, Bildungs- und Kultureinrichtungen oder Gesundheits- und Mobilitätsdienstleistungen. Soziale Nachhaltigkeit ist auch dort gefährdet, wo der Aufbau neuer Infrastrukturen, etwa im Bereich der Informations- und Kommunikationsmedien (das heißt beim schnellen Internet und dem Mobilfunknetz), nicht vorankommt und hinter besser versorgten Regionen zurückbleibt. Dies alles betrifft, wie sich anhand der erwähnten Studien zeigt, in erster Linie die abseits der urbanen Zentren gelegenen ländlichen Räume, und zwar, wie ebenfalls bereits deutlich wurde, ganz überwiegend in den ostdeutschen Bundesländern. In diesen besonders betroffenen Regionen ist eine sozial nachhaltige Entwicklung auch insofern bedroht, als die Defizite im Bereich von Daseinsvorsorge und Infrastrukturangebot in der Regel als regionalwirtschaftliche Standortnachteile gelten können – mit entsprechenden Auswirkungen auf das regionale Arbeitsplatzangebot, auf Arbeitsplatzsicherheit und verlässliche Einkommensmöglichkeiten bzw. auf das Risiko der regional Beschäftigten, Arbeits- und Einkommensverluste zu erleiden. Kommen alle diese Faktoren zusammen, so kann die soziale Nachhaltigkeit einer Region in eine Abwärtsspirale aus infrastrukturellem Rückbau, wirtschaftlicher Stagnation, Bevölkerungsverlusten durch Abwanderung, Erosion des sozialen Zusammenhalts und schwindendem Vertrauen in staatliche Institutionen und das demokratische Versprechen auf gleichwertige Lebensverhältnisse geraten.

Die *Handlungsempfehlungen*, für die sich die oben erwähnten Studien aussprechen, richten sich nur zum Teil an die bundespolitische Ebene: Hier gilt es zu unterscheiden zwischen Forderungen nach direkter staatlicher Intervention bzw. Investition, etwa in den Erhalt und den Ausbau öffentlicher Infrastrukturen und Leistungen der Daseinsvorsorge insbesondere in den Problemregionen einerseits und Empfehlungen für bundesweite politische Rahmensetzungen andererseits, die die Handlungsfähigkeit sowie die Eigenverantwortung für die Verbesserung der Lebensverhältnisse vor Ort, das heißt auf der kommunalen und regionalen Ebene, stärken sollen. Während es unter dem erstgenannten Aspekt vor allem um die gerechtere, dauerhaft verlässliche und bedarfsorientierte (Neu-)Verteilung staatlicher Förder- und Investitionsmittel geht, zielt der zweite Aspekt insbesondere auf die beiden Adressaten Kommune und Bürgerschaft ab. So fordert der „Sozioökonomische Disparitätenbericht" der Friedrich-Ebert-Stiftung, durch entsprechende bundesstaatliche Rahmensetzungen die Gemeinden in ihrer „kommunalen Verwaltungskraft" zu stärken, etwa durch eine Neuregelung „der kommunalen Finanzausgleichssysteme der Länder" sowie durch Maßnahmen zur finanziellen Entlastung strukturschwacher Kommunen.[1] Dies soll den Gemeinden zugleich neue Handlungsspielräume verschaffen, um die „Menschen an der Entwicklung vor Ort" zu beteiligen und darüber den Zusammenhalt zu stärken (Fink et al. 2019, 15 f.). Auch der „Teilhabeatlas Deutschland" plädiert dafür, im Sinne des „Subsidiaritätsprinzips" den Kommunen „mehr Finanz- und Entscheidungsautonomie" zu geben, um eigenverantwortlich „dort ansetzen (zu) können, wo es am dringendsten ist". Das Ziel müsse es sein, „von ‚oben' die Rahmenbedingungen so (zu) setzen, dass ‚unten' neue Ideen entstehen und sich entfalten können" (Berlin-Institut 2019, 78). Dass gesamtstaatliche Steuerung und Intervention nicht ausreichen, um regionalen Disparitäten entgegenzuwirken, sondern dass hierzu auch die Handlungs- und Engagementpotenziale an der lokalen bzw. regionalen Basis der Gesellschaft genutzt werden sollten, ist ein Credo, das sich durch sämtliche der oben erwähnten Studien und Berichte zieht. Diese Potenziale mehr als bisher freizulegen und zu fördern, sieht man als eine Aufgabe, die sich auf allen politischen Ebenen stellt: Etwa in Form von bundesweiten Förderprogrammen für lokales ehrenamtliches Engagement, durch die Einrichtung von Freiwilligenagenturen auf Landesebene und nicht zuletzt durch die Unterstützung der kommunalen Verwaltungen und Amtsträger, etwa „durch die Bereitstellung von Büros, Fortbildungen, rechtlicher Beratung oder die unbürokratische Vergabe kleiner Förderbeiträge" für ehrenamtliche Initiativen, die sich für das Gemeinwohl vor Ort einsetzen (Berlin-Institut 2019, 79). Das IW spricht sich für den „Aufbau einer umfassenden Engagementstruktur" gemeinwohlorientierter Initiativen aus und benennt „drei Erfolgsfaktoren": „Informationen bündeln und niedrigschwellig bereitstellen, lokale Initiativen koordinieren sowie lokales Engagement fördern und ausbauen" (Heinze und Orth 2019, 273). Der Kommissionsbericht „Gleichwertige Lebensverhältnisse" schließlich sieht in der Förderung der zivilgesellschaftlichen Engagementinfrastruktur einen wichtigen Beitrag zur Gleichwertigkeit der Lebensverhältnisse und empfiehlt nicht nur „die Verbesserung von rechtlichen und finanziellen Rahmenbedingungen im Bereich der Engagement-, Ehrenamts- und Demokratieförderung insbesondere in strukturschwachen Regionen", sondern auch „den Auf- und Ausbau wohnortnaher hauptamtlicher

---

[1] Durch einen „gemeinsame(n) Entschuldungsfonds des Bundes und der Länder" sowie durch „eine weitere Übernahme" kommunaler Sozialausgaben „durch den Bund" (Fink et al. 2019, 15).

Begleitstrukturen sowie digitale Angebote zur Erleichterung des bürgerschaftlichen Engagements und des Ehrenamts" (BMI 2019b, 25).

In diesen Plädoyers, die sich für die Verbesserung regionaler Lebensverhältnisse über Prozesse der Aktivierung, der Partizipation, der Mitbestimmung und der Selbstorganisation „von unten" aussprechen, kommt die Skepsis darüber zum Ausdruck, ob die Möglichkeiten staatlicher Steuerung sowie marktwirtschaftlicher Koordination ausreichen, das Problem regionaler Ungleichentwicklungen noch hinreichend bewältigen zu können. Diese Skepsis berührt letztlich auch das Zentrale-Orte-Konzept, das sich nach dem Zweiten Weltkrieg zum maßgeblichen raumordnerischen Steuerungsansatz in der Bundesrepublik entwickelt hat. Das übergeordnete Ziel des Zentrale-Orte-Konzepts war und ist es, regionale Ungleichheit zu vermeiden und so den gesellschaftlichen Zusammenhalt zu sichern. Es ist im Laufe der vergangenen Jahrzehnte ausdifferenziert und flexibilisiert worden. Es orientiert sich aber im Kern an einer dreistufigen Raum- und Siedlungsstruktur, mit der lokale Unterschiede der Daseinsvorsorge, Infrastrukturen und öffentlichen Güter überbrückt werden sollen. Das Zentrale-Orte-Konzept unterscheidet zwischen Grund-, Mittel- und Oberzentren, die – im Idealfall – jeweils für ein bestimmtes Niveau der Bedarfsbefriedigung und der Daseinsvorsorge zuständig sind.[2] Folgt man Kersten et al. (2019, 9), so ist das Zentrale-Orte-Konzept unter den sich verändernden demografischen und sozioökonomischen Rahmenbedingungen auf Dauer nicht in der Lage gewesen, die Entwicklung regionaler Disparitäten substanziell zu mindern. Zugleich forcierte es aufgrund seiner Funktionslogik die Entwicklung, dass aus früher selbstständigen kleinen Landgemeinden sukzessive Verwaltungseinrichtungen, Schulen, Kindergärten, Arztpraxen, Poststellen, Sparkassenfilialen in den nächsten Zentralort verlagert wurden, womit diesen Dörfern ein nicht unwesentlicher Teil ihrer ehemaligen Autonomie und Eigenverantwortlichkeit genommen wurde. Die Leistungsfähigkeit steht inzwischen auch deswegen in Frage, weil es Grund- und Mittelzentren vor allem in Schrumpfungsgebieten zunehmend schwerfällt, die ihnen zugeordneten Funktionen überhaupt noch zu erfüllen (vgl. Kersten et al. 2017, 52 f.).

2.1 Das Soziale-Orte-Konzept

Vor diesem Hintergrund muss Zusammenhalt neu gedacht werden. Es braucht ein Soziale-Orte-Konzept. Dieses Konzept ist freilich nicht als Ersatz des Zentrale-Orte-Konzepts gedacht, sondern vielmehr als eine notwendige Ergänzung auf dem Weg hin zu einer Reduzierung regionaler Disparitäten und ungleicher Lebensverhältnisse. Sozia-

---

2 *Grundzentren* stellen den täglichen Lebensbedarf, zum Beispiel im Hinblick auf Lebensmittel, Grundschule und ärztliche Versorgung sicher. *Mittelzentren* bieten erweiterte Versorgungsmöglichkeiten: Einkaufszentren, weiterführende Schulen, Krankenhäuser usw. *Oberzentren* offerieren ein vielfältiges Konsumangebot, Hochschulen, spezialisierte Gesundheitsversorgung usw.

le Orte sind „Orte der Begegnung und Kommunikation, an denen Menschen zusammenkommen und ihr Umfeld gestalten. (...) Sie sind Orte, an denen Menschen etwas miteinander gestalten, sich vernetzen und oft auch auf erlebte Mangelsituationen reagieren". Es sind Orte, die demokratische Prozesse vor Ort am Leben halten und zum sozialen Zusammenhalt beitragen (Kersten et al. 2019, 9).

Verfassungsrechtlich knüpft das Soziale-Orte-Konzept an die grundgesetzliche Garantie der kommunalen Selbstverwaltung an, die die Kommunen als „örtliche Gemeinschaft" versteht (Art. 28 Abs. 2 Satz 1 GG). Damit wird eine hohe verfassungsrechtliche Erwartung an den sozialen und räumlichen Zusammenhalt der Gemeinden formuliert (vgl. Kersten et al. 2017, 55).

Im Soziale-Orte-Konzept werden Gemeinden nicht in erster Linie nach ihrer Funktion als Grund-, Mittel- oder Oberzentrum kategorisiert. Der Blick richtet sich vielmehr auf die Frage, „wo sich Gesellschaft begegnet, wenn die kommunalen und regionalen Lebensverhältnisse zunehmend disparater und unähnlicher werden" (Kersten et al. 2019, 9) und der soziale Zusammenhalt sichtlich gefährdet ist bzw. zu erodieren droht: weil die Bevölkerungszahl stark zurückgeht, soziale Infrastrukturen an Tragfähigkeit verlieren und keine relevanten Wirtschaftsaktivitäten mehr vor Ort stattfinden. Diese Gemeinden bzw. Regionen sind in ihrer Funktion als Soziale Orte tendenziell gefährdet. Das Ziel muss hier sein: Potenziale unter den Akteur/-innen vor Ort zu erkennen und zu fördern sowie wirtschaftliche und infrastrukturelle Bausteine in der Gemeinde oder der Region ausfindig zu machen, die dazu verhelfen können, neue Grundlagen für sozialen Zusammenhalt zu schaffen – das heißt, dem Ziel einer sozial nachhaltigen Entwicklung in diesen Gemeinden zumindest wieder näher zu kommen.

Was sind wesentliche *Voraussetzungen* dafür, dass Soziale Orte entstehen und dauerhaft stabil bleiben? Im Forschungsprojekt „Das Soziale-Orte-Konzept" sind wir dabei von folgenden Grundannahmen ausgegangen:

- Unabdingbar ist *erstens* das Vorhandensein öffentlicher Infrastrukturen: Soziale Orte entwickeln sich nicht im rein privaten Handlungsraum, sondern es bedarf immer eines öffentlichen Rahmens und damit verbundener rechtlicher Sicherheiten sowie einer gewährleistenden Verwaltung.
- *Zweitens* sind für die Initiierung und Stabilisierung Sozialer Orte engagierte und innovationsfähige Akteur/-innen erforderlich – im Sinne von handlungs- und kooperationsfähigen Akteurskonstellationen, die gemeinsame Ziele verfolgen. Im Idealfall entwickeln sich Soziale Orte aus dem Miteinander und gemeinsamen Wirken einer aktiven Zivilgesellschaft, einer teilhabeorientierten Kommunalpolitik und -verwaltung sowie einer kooperativen regionalen Wirtschaft.
- *Drittens* ist es für die Stabilisierung Sozialer Orte wichtig, dass sie nicht abhängig von zeitlich befristeten Projekten sind, sondern dass mit ihnen Prozesse in Gang gesetzt werden, die sich verstetigen lassen und darüber überhaupt erst nachhaltig werden können.
- Und *viertens* schließlich fördert es die Stabilisierung Sozialer Orte, wenn es ihnen gelingt, über den lokalen Rahmen hinaus zu wirken und überregionale Aufmerk-

samkeit und Einbindung zu erfahren. Dies trägt zur Vitalisierung Sozialer Orte bei, kann zur Nachahmung erfolgreicher Entwicklungsprozesse anregen und mit dem so entstehenden Zusammenhalt die Gleichwertigkeit der Lebensverhältnisse fördern (vgl. Kersten et al. 2019, 10).

2.2 Untersuchungsregion und Fragestellungen

Im Rahmen des Forschungsprojekts „Das Soziale-Orte-Konzept" sind wir von diesen Vorüberlegungen ausgegangen und haben sie im regionalen Kontext des in Ost-Thüringen gelegenen Landkreises Saalfeld-Rudolstadt untersucht.[3] Es handelt sich hier um einen ländlich-kleinstädtisch geprägten Landkreis, der in den oben skizzierten Berichten und Studien durchweg zu den problematischen bzw. „abgehängten" Regionen „in der Strukturkrise" und mit „gefährdeter" Zukunftsentwicklung gezählt wird. So weist der Landkreis Saalfeld-Rudolstadt einige für die ostdeutsche Nachwendezeit recht typische Entwicklungen auf: Erstens ist seine Einwohnerentwicklung, insbesondere durch Abwanderungsprozesse, stark rückläufig – die Zahl der Einwohner/-innen ging von rund 140.000 im Jahr 1994 auf rund 107.000 im Jahr 2017 zurück. Für 2035 werden nur noch rund 86.000 Einwohner/-innen prognostiziert. Zweitens ist der Landkreis deutlich vom demografischen Wandel betroffen: Das Durchschnittsalter der Bevölkerung stieg im Zeitraum von 1990 bis 2012 von 38,8 auf 48,4 Jahre; die Prognose für 2035 lautet: 58,8 Jahre (Thüringer Landesamt für Statistik 2019; Helbig et al. 2020, 16). Diese demografischen Veränderungen sind zudem – wie in etlichen anderen ostdeutschen Gebieten auch – eng mit einem regionalökonomischen Strukturwandel, dem Wegfall vieler der früheren Arbeitsplätze sowie der Ausdünnung von Grundversorgungsangeboten im ländlichen Raum (etwa im Bereich von Lebensmitteln oder der ambulanten ärztlichen Versorgung) verbunden. Doch gibt es im Landkreis inzwischen auch gegenläufige Entwicklungen: Trotz weiterhin sinkender Einwohnerzahlen hat sich die regionale Wirtschaft durch betriebliche Neuansiedlungen insbesondere im „Städtedreieck" Saalfeld, Rudolstadt und Bad Blankenburg in den vergangenen Jahren positiv entwickelt. Dabei konnte man auch an die vor allem klein- und mittelindustrielle Tradition der Region anknüpfen. Welche längerfristigen wirtschaftlichen Folgen die „Corona-Krise" für die Region haben wird, ist zurzeit (Sommer 2020) noch nicht absehbar. Die Arbeitslosenquote ist in den vergangenen Jahren deutlich zurückgegangen und bis 2017 auf unter 6 Prozent gesunken, die Beschäftigungsquote stieg von ca. 56 Prozent im Jahr 2010 auf ca. 66 Prozent im Jahr 2017 und lag damit leicht über dem Thüringer Durchschnitt (vgl. Helbig et al. 2020, 94, 108). Inzwischen kla-

---

3 Vgl. das vom Bundesministerium für Bildung und Forschung geförderte Projekt „Das Soziale-Orte-Konzept. Neue Infrastrukturen für gesellschaftlichen Zusammenhalt" (2017–2020). Projektleitung: Claudia Neu und Berthold Vogel. Im Internet: www.sofi.uni-goettingen.de/projekte/das-soziale-orte-konzept-neue-infrastrukturen-fuer-gesellschaftlichen-zusammenhalt/projektinhalt/

gen etliche Unternehmen über einen Fachkräfte- und Auszubildendenmangel. Dies ist allerdings auch eine Folge der massiven Abwanderungen und des demografischen Wandels in den vergangenen Jahrzehnten. Noch nicht erholt hat sich der Landkreis – und hier insbesondere das Schwarzatal-Gebiet – von dem völligen Einbruch des Tourismus nach 1990. Bereits seit den 1880er Jahren hatte sich das Schwarzatal zu einer viel besuchten „Sommerfrische"-Region entwickelt, begleitet vom Auf- und Ausbau einer breiten Infrastruktur an Hotels und Pensionen. In der DDR-Zeit war das Schwarzatal ein stark frequentiertes und staatlich gefördertes Urlaubsziel für viele DDR-Bürger/-innen. Genauer gesagt entwickelte sich hier eine ausgeprägte touristische Monokultur, an der auch viele Privathaushalte durch Zimmervermietung beteiligt waren und ihren Lebensunterhalt daraus bestritten. Mit dem rapiden Rückgang der Besucherzahlen in der Nachwendezeit kam es zum Niedergang der touristischen Infrastruktur. Die Dörfer des Schwarzatals leiden an Bevölkerungsschwund, es gibt viel baulichen Leerstand, die Sommerfrische-Architektur ist in einem zum Teil maroden Zustand.[4]

Es waren insbesondere die folgenden *Fragen*, die – vor dem Hintergrund der skizzierten regionalspezifischen Entwicklungen und Strukturmerkmale – im Zentrum unserer empirischen Analyse standen und auf die in den folgenden Abschnitten noch näher einzugehen ist:

- Wie schlagen sich die Erfahrungen der in diesem Landkreis lebenden Menschen mit den früheren Lebensbedingungen in der DDR sowie den anschließenden sozioökonomischen und alltagskulturellen Umbrüchen in der Nachwendezeit in ihrer heutigen Wahrnehmung des sozialen Zusammenhalts nieder?
- Worin manifestiert sich für sie Zusammenhalt und was gefährdet ihn aus ihrer Sicht? Daran schließt sich die Frage nach der Genese Sozialer Orte in dem untersuchten Landkreis an:
- Unter welchen Voraussetzungen entstehen Soziale Orte und was können sie zum gesellschaftlichen Zusammenhalt beitragen? Welche Gelingensfaktoren spielen eine Rolle? Welche Hemmnisse und Probleme mussten überwunden werden?
- Was kann die dauerhafte Stabilisierung eines Sozialen Ortes gefährden bzw. seiner weiteren Entwicklung Grenzen setzen?

2.3 Empirie und Methode

Die *empirische Grundlage* der im Landkreis Saalfeld-Rudolstadt durchgeführten Untersuchung umfasst rund 30 qualitative, thematisch strukturierte Interviews, an denen insgesamt ca. 40 Interviewpartner/-innen beteiligt waren. Es handelte sich dabei in erster Linie um Personen, die uns aufgrund ihrer besonderen Expertise oder ihrer

---

4 Im gesamten Landkreis Saalfeld-Rudolstadt ist der Wohnungsleerstand zwischen 2011 und 2017 von gut 6 Prozent auf ca. 13 Prozent gestiegen (Helbig et al. 2020, 69).

gesellschaftlichen Funktion Auskunft über die Entwicklung, über fördernde Bedingungen und mögliche Gefährdungen des sozialen Zusammenhalts sowie Informationen und Einschätzungen zur Entstehung von Sozialen Orten in dem Landkreis geben sollten. Darunter waren Ortsbürgermeister, Expert(inn)en aus der Kreis- und Kommunalverwaltung, Akteur/-innen aus der Regional-, Wirtschafts- oder Sportförderung, aus dem Kulturbereich sowie aus zivilgesellschaftlichen Organisationen und Initiativen, die sich im lokalen bzw. regionalen Rahmen im weitesten Sinne für die Verbesserung von Lebensverhältnissen und Lebensqualität, von sozialen Infrastrukturen usw. engagieren.

Darüber hinaus stützen wir uns empirisch auf eine (nicht-repräsentative) Umfrage im Landkreis Saalfeld-Rudolstadt, die auf einem Mixed-Mode-Verfahren basierte, das heißt auf einer Online-Befragung ergänzt durch die Verteilung gedruckter Exemplare (Auslage in Gemeinden und postalische Zusendung auf Wunsch). Die inhaltlichen Schwerpunkte der Befragung richteten sich auf die Wahrnehmung von Zusammenhalt, auf die Beurteilung und Nutzung lokaler Infrastruktur und Daseinsvorsorge, auf (eigene) Erfahrungen mit bürgerschaftlichem Engagement, auf Einschätzungen zur Frage gleichwertiger Lebensverhältnisse und zur persönlichen Lebenssituation. Die Datenaufbereitung beruhte neben der Grundauswertung auf einer umfassenden deskriptiven Statistik. Überdies wurde eine Datenanalyse mittels statistischer Verfahren (Korrelations- und Regressionsanalysen) durchgeführt.

2.4 Zusammenhalt im Gedächtnis einer Transformationsgesellschaft

Ein erstes wichtiges Ergebnis unserer empirischen Studie sehen wir darin, dass *Theorien des kollektiven Gedächtnisses* (Halbwachs 1985 [1925]; Assmann 1988, 1992) auch für die Interpretation von Wahrnehmungsweisen des gesellschaftlichen Zusammenhalts fruchtbar gemacht werden können, die uns in unserer Untersuchungsregion berichtet und auch in den Umfrageergebnissen deutlich wurden. Es zeigt sich, dass die retrospektiv positive Wahrnehmung des sozialen bzw. betrieblichen Zusammenhalts im DDR-Alltag ein relevantes kollektives Deutungsmuster bildet. Man darf eine solche Haltung nicht vorschnell als Verklärung der Lebensverhältnisse in der DDR bzw. als „Ostalgie" abtun. Vielmehr muss berücksichtigt werden, unter welchen sozialen Bedingungen der Nachwendezeit sich ein kollektives Erinnern an den Lebenszusammenhang in der DDR konstituierte und welche Einflussfaktoren bei der sozialen bzw. kommunikativen Re-Konstruktion von Erinnerungsweisen und -inhalten wirksam wurden. Als die vielleicht prägendsten Faktoren können hier die ökonomische, soziale und alltagskulturelle Eingriffstiefe sowie die quasi schockartige Geschwindigkeit des nach der Wende einsetzenden Transformationsprozesses gelten. Sozialkulturelle Deklassierungen gingen seit den 1990er Jahren mit gleichzeitigen materiellen bzw. sozioökonomischen Zugewinnerfahrungen einher. Das Kollektivgedächtnis wird aber vor allem durch die „verlorene Welt" geprägt. In der Nachwendezeit erscheinen vielen Ostdeutschen die von ihnen erinnerten Leistungen lebensweltlicher Selbstbehauptung in der DDR anerkennenswert. Zugleich stellt sich die Lebenssituation nach der Wende als ein Herausfallen aus aller gewohnten Normalität dar – als Verlust der Arbeit bzw. der Anerkennung über Arbeit, als Verlust sozialer Bezüge im Alltag und als Verlust alltagskultureller Fixpunkte und Orientierungsangebote (vgl. Ahbe 2010; Kowalczuk 2019; Mau 2019).

Was auffällt, ist die von unseren Interviewpartner/-innen häufig verwendete *„Bruch"-Metapher*, um damit einen auslösenden Mechanismus zu benennen, den man für die Schwächung sozialer Kohäsion verantwortlich macht. Dies zeigt sich etwa in Formulierungen, dass nach der Wende das Gemeinschaftliche „zerbrochen" sei; dass es zur „Auflösung der Kollektive", zum Beispiel im Betrieb, gekommen und der soziale Austausch über die Arbeit „mit einem Schlag weggebrochen" sei; dass die Wende und ihre Folgewirkungen zu einem „Strukturumbruch" bzw. zum „Auseinanderdriften" der Gesellschaft geführt hätten. Zudem ist die Rede vom „Wegbruch der Industrie" als „der Hauptgrund, dass das sozial hier so zerbrochen ist" und dass „der Mittelstand „komplett weggebrochen" sei. Thematisiert werden zudem die mit diesen Entwicklungen einhergehenden biografischen Brüche, etwa wenn von dem „unheimlichen Knick" im Lebenslauf vieler Leute bzw. dem „Knacks" gesprochen wird, den die Menschen infolge der Betriebsabwicklungen durch die Treuhand bekommen hätten.

Die Wahrnehmung einer in all ihren Bezügen brüchig gewordenen Gesellschaft erstreckt sich bei etlichen auch auf die *Sphäre der Politik*, insofern die genannten Entwicklungen – auch im regionalen Kontext des eigenen Landkreises – zu einer „politischen Spaltung" beigetragen hätten: Letztlich hätten die Umbrüche in der Nachwendezeit dazu geführt, dass viele Menschen insbesondere im ländlichen Raum den Eindruck hatten, den sozialen und wirtschaftlichen Anschluss verloren zu haben. Hierin spiegeln sich grundlegende sozioökonomische Veränderungen seit 1989/90. Hierzu zählt die radikale Deindustrialisierung ländlicher Räume. Dieser Prozess hatte zwei Quellen: zum einen die meist vollständige Rücknahme DDR-typischer Industrialisierungsprojekte nach 1989; zum anderen das Ende der Konservierung altindustrieller Strukturen, die bis zur Auflösung der DDR beispielsweise in „Industriedörfern" bestand. In unserer Untersuchungsregion traf dies insbesondere die Glas- und Keramikindustrie. Dieses Gefühl des kontinuierlichen Niedergangs von lokalen Arbeits- und Wirtschaftsstrukturen sei im Übrigen „ein Grund für den Erfolg von Populisten" und habe zur politischen Polarisierung im Landkreis beigetragen. Konstatiert wird eine für den gesellschaftlichen Zusammenhalt riskante politische Spaltung, die mit einem Ausdünnen der politischen Mitte, einer Verschlechterung der Diskussionskultur und der zunehmenden Verbreitung eines kompromissunfähigen Schwarz-Weiß-Denkens geführt habe. Politische Entfremdung mit allen ihren Folgen könne sich auch gegenüber der kommunalen bzw. regionalen Politik einstellen, wenn es aus Sicht der Bürger und Bürgerinnen an Transparenz und Teilhabemöglichkeiten mangele und zudem das gesellschaftliche Engagement „von unten" zu wenig Wertschätzung erfahre bzw. auf zu wenig Resonanz auf der politischen Ebene stoße.

2.5 Zusammenhalt als nahräumliche, reziproke Erfahrung

Als weiteres zentrales Ergebnis lässt sich festhalten, dass die Wahrnehmungsweisen zum gesellschaftlichen Zusammenhalt von einer ausgeprägten *Nahraumorientierung* geprägt sind. Unsere Umfrageergebnisse machen deutlich, dass Familie, Freunde, Nachbarschaft, Vereine, manchmal auch die Dorfgemeinschaft die am häufigsten wahrgenommenen Quellen und Orte des sozialen Zusammenhalts sind.

Schon in Bezug auf den *Wohnort insgesamt* zeigt sich ein anderes Bild: Hier ist die überwiegende Mehrheit (71 Prozent) der Ansicht, dass „Zusammenhalt im Rahmen von Nachbarschaften und Siedlungen innerhalb des Wohnortes existiert, aber *nicht* in der Gesamtheit" des Wohnortes. Bezogen auf noch *größere regionale Einheiten* fallen die Einschätzungen zum gesellschaftlichen Zusammenhalt mit überwältigender Mehrheit negativ aus: Den Zusammenhalt im *eigenen Landkreis* schätzen über 70 Prozent der Befragten als „eher schwach" bzw. „schwach" ein. Noch negativer fallen die Einschätzungen für den gesellschaftlichen Zusammenhalt in *Deutschland* insgesamt aus: Hier kommen 85 Prozent zu einem negativen Urteil (42 Prozent antworten „eher schwach", 43 Prozent antworten „schwach"). Ähnlich negativ ist das Urteil über den gesellschaftlichen Zusammenhalt in der EU. Das unter unseren Befragten dominierende Negativurteil zum gesellschaftlichen Zusammenhalt findet sich auch in der entsprechenden *Trendeinschätzung* wieder: 79 Prozent von ihnen sind der Auffassung, dass der gesellschaftliche Zusammenhalt in den letzten 10 Jahren in Deutschland „schwächer geworden" sei.

Unsere Umfrageergebnisse zeigen, dass es die *Reziprozität des Alltagshandelns* ist, die von unseren Befragten am weitaus häufigsten als Grundlage bzw. Bindemittel des gesellschaftlichen Zusammenhalts gesehen wird. Genauer gesagt ist es der Aspekt der „Gegenseitigkeit", der von einer relativen Mehrheit aller Befragten ins Feld geführt wird, um damit eine für sie zentrale Voraussetzung gesellschaftlichen Zusammenhalts zu benennen. Konkret geht es um reziproke Formen sozialer Beziehungen, in deren Praxis man entweder bereits eingebunden ist oder die erst noch einzufordern sind, wie zum Beispiel „gegenseitige Hilfe", „gegenseitige Unterstützung", „gegenseitige Rücksichtnahme", „gegenseitiges Vertrauen" usw. Hier liegt die Vermutung nahe, dass die starke Betonung reziproker Sozialbeziehungen auch mit erinnerten Erfahrungen aus dem früheren DDR-Alltag zusammenhängt, in welchem informelle Tauschakte und gegenseitige Hilfeleistungen eine wichtige Rolle im Rahmen sozialer Selbstbehauptung und alltagspraktischer Bewältigungsstrategien spielten.[5]

Mit der insgesamt kritischen Sicht auf den gesellschaftlichen Zusammenhalt – jenseits des sozialen Nahraums – korrespondiert überdies die unter unseren Befragten dominierende Wahrnehmung regionaler Disparitäten. Dass hierzulande unter

---

[5] Zur Prägung des DDR-Alltagslebens durch „Vertrautheits- und Nahbeziehungsgemeinschaft(en)": Mau 2019, 72 ff., 218 ff.; auch in der Drei-Generationen-Studie von Martens und Holtmann (2017) wird die rückblickende Wertschätzung des sozialen Zusammenhalts in den Nahbeziehungsgemeinschaften des DDR-Alltags immer wieder deutlich.

räumlichen Gesichtspunkten gleichwertige Lebensverhältnisse vorherrschen, wird nur von einer verschwindenden Minderheit so gesehen. Zudem schneiden für die meisten Befragten die Lebensbedingungen im ländlichen Raum gegenüber dem Leben in der Stadt schlechter ab. Auch beurteilt man die Lebensbedingungen in den ostdeutschen Bundesländern im Vergleich zu denen in Westdeutschland mit großer Mehrheit als weniger gut. Im Hinblick auf regionale Disparitäten innerhalb des Bundeslandes Thüringen sowie innerhalb des eigenen Landkreises sind die Meinungen geteilt: Eine starke Minderheit sieht den eigenen Landkreis im Vergleich zu anderen Landkreisen in Thüringen weniger gut dastehen. Ganz ähnlich ist es beim Vergleich des eigenen Wohnortes mit anderen Gemeinden des Landkreises. Auch die Chancengleichheit am eigenen Wohnort im Vergleich zu anderen Wohnorten in Deutschland sieht eine große Mehrheit entweder nur mit gewissen Einschränkungen oder gar nicht gegeben.

2.6 Zusammenhalt als Haltungs- und Wertefrage

Ein weitere zentrale Sichtweise, die sowohl in den qualitativen Interviews als auch in der Online-Umfrage immer wieder deutlich wurde, beruht auf der Überzeugung, dass die Sicherung bzw. Stärkung des gesellschaftlichen Zusammenhalts auch eine Frage der *persönlichen Haltung* der Menschen sei – einer Haltung, die sich im alltäglichen menschlichen Miteinander zu bewähren habe. Im Einzelnen geht es hier um persönliche (bzw. charakterliche) Eigenschaften wie „Achtsamkeit", „Respekt", „Toleranz", „Aufgeschlossenheit", „Solidarität", „Hilfsbereitschaft" oder „Verantwortungsgefühl" gegenüber den Mitmenschen – persönliche Eigenschaften, die überhaupt erst garantieren, dass wichtige Bindekräfte für den Zusammenhalt, etwa die bereits erwähnten Prinzipien der „Gegenseitigkeit" oder des gemeinschaftlichen „Miteinanders" im Alltagshandeln auch von den subjektiven Voraussetzungen der Menschen her gewährleistet sind. Dieser Gesichtspunkt wird offenbar nicht zuletzt deswegen so häufig hervorgehoben, weil etliche unserer Befragten im Zuge der Nachwendezeit einen verbreiteten Verhaltenswandel unter den Mitmenschen beobachten, der zum Beispiel in verstärkt auftretenden „Individualismus-Gefühlen", in Formen der „Entsolidarisierung", der „Ellbogenmentalität" und des „Egoismus" zum Ausdruck kommt. Von diesem normativen Standpunkt aus betrachtet ist die Herstellung gesellschaftlichen Zusammenhalts auch auf einen *Haltungswandel* in Teilen der Bevölkerung angewiesen.

Der Gesichtspunkt der „richtigen" Haltung klingt auch dort an, wo die *„gemeinsamen Werte"* bzw. die *„Wertegemeinschaft"* als wichtiges Fundament des gesellschaftlichen Zusammenhalts beschworen werden. Doch hat die Bezugnahme auf die Werteebene immer auch eine gesellschaftliche Dimension: Über gemeinsame Orientierungen an verbindlichen Werten und Normen sowie durch die Einhaltung von geltenden Regeln und Gesetzen sollen gesellschaftliche Ordnung und soziale Kohäsion ermöglicht werden.

Die Interview- und Befragungsergebnisse machen deutlich, dass es sich bei der Diagnose eines schwächer werdenden gesellschaftlichen Zusammenhalts zumeist um eine *Krisendiagnose* handelt, das heißt um die Wahrnehmung einer sowohl auf gesellschaftlicher als auch lebensweltlicher Ebene nicht wünschbaren Entwicklung – einer Entwicklung, die, wie sich zeigte, bei manchen politische Befürchtungen auslöst, bei anderen als Verschlechterung der Möglichkeiten des sozialen Austauschs und der ungezwungenen Sozialität im Alltag, kurz: der lebensweltlichen Sozialintegration, empfunden wird. Dies wirft bei vielen die Frage auf, wie einer solchen Entwicklung entgegengewirkt werden und der soziale Zusammenhalt in der Gesellschaft (wieder) gestärkt bzw. gefördert werden könne.

Aus der Sicht unserer Interviewpartner/-innen, so das zentrale Ergebnis, sind es drei unterschiedliche Handlungsebenen, auf denen ein Umsteuern möglich und notwendig erscheint: die Ebenen des *persönlichen*, des *politischen* und des *gesellschaftlichen* Handelns.

Die Ebene des *persönlichen Handelns* wurde oben bereits angesprochen: Hierbei geht es in erster Linie um den als notwendig erachteten Haltungs- bzw. Verhaltenswandel in Richtung auf mehr „Solidarität", „Gegenseitigkeit", „Vertrauen" oder „Miteinander" im Alltagshandeln. Diese Einschätzung verbindet sich häufig mit der Vorstellung, dass Zusammenhalt grundsätzlich „von unten" hergestellt werden müsse, denn „der gesellschaftliche Zusammenhalt, der wird immer nur von Menschen gemacht". Dies bedeutet aus Sicht der Befragten, dass die Potenziale des Zusammenhalts, etwa im Rahmen von Nachbarschaften oder des Dorflebens, von den Menschen bewusst freigelegt und gestärkt werden müssen.

Die Konstituierung gesellschaftlichen Zusammenhalts „von unten" ist jedoch auch auf bestimmte strukturelle Voraussetzungen angewiesen. Hier kommt aus Sicht vieler unserer Interviewpartner/-innen die *Ebene des politischen Handelns* ins Spiel, etwa wenn man eine regional gleichwertige Ausstattung mit Infrastrukturen oder einen gerechten Ausgleich zwischen verschiedenen regionalen Ressourcen und Bedarfen einfordert. Nur so werde man der verbreiteten Wahrnehmung des „Abgehängtseins" im ländlichen Raum entgegenwirken können. Deswegen sei ein gezieltes „Investitionspaket für ländliche Räume" notwendig, etwa bei der Internet- und Mobilfunkversorgung, im Straßen- und Radwegeausbau, zur Förderung von freiwilligen Einrichtungen (zum Beispiel im Jugendbereich), zur besseren Ausstattung der ländlichen Feuerwehren usw. In der Frage der Infrastrukturentwicklung sehen viele unserer Interviewpartner/-innen noch beträchtliche Defizite: In den Interviews äußert sich oft Enttäuschung über eine Politik, die den ländlichen Raum „nicht mitnimmt" bzw. ihn „hinten runter fallen" lasse, die das Engagement der Menschen für eine bessere Lebensqualität vor Ort zu wenig wertschätze und unzureichend unterstütze und die man für den ländlichen Infrastrukturabbau in der Nachwendezeit mitverantwortlich macht – mit fatalen Folgen für den sozialen Zusammenhalt. Im Hinblick auf das soziale Miteinander auf Ortsebene fordert man von der Kommunalpolitik, den Bürgerinnen und Bürgern (mehr) Teilhabemöglichkeiten zu bieten und vorhandene Potenziale für ein lokales Engagement „von unten" (stärker) aufzugreifen und zu fördern.

Mit dem Plädoyer für ein kooperatives Verhältnis zwischen Kommunalpolitik und Bürgerschaft wird die *Ebene des zivilgesellschaftlichen Engagements und Handelns* zum Wohle eines lebendigen sozialen Zusammenwirkens im Ort und – noch allgemeiner – einer positiven Weiterentwicklung der Gemeinde ins Spiel gebracht. Hier äußert sich eine grundlegende Überzeugung, der wir in den Interviews immer wieder begegnet sind: Dass es bestimmte Formen des zivilgesellschaftlichen Engagements, das heißt „bottom-up" generierte Aktivitäten, Projekte, Initiativen, Genossenschaften, Vereine usw. sind, die entweder mittelbar oder aber intentional zur Stabilisierung oder Stärkung des sozialen Zusammenhalts beitragen. Eine so verstandene gesellschaftliche Produktion von Zusammenhalt wird zum Teil als emergenter Prozess, der nur begrenzt plan- und steuerbar ist, wahrgenommen oder aber, wie bei der Mehrheit in unserem Sample, als bewusster Gestaltungsprozess verstanden, dem ein Gestaltungsanspruch zugrunde liegt. Damit kommt für viele unserer Interviewpartner/-innen dem bürgerschaftlichen Engagement „von unten" geradezu eine Schlüsselfunktion bei der Herstellung oder Sicherung des sozialen Zusammenhalts zu. Dies macht den in den Interviews immer wieder geäußerten Appell an die Politik – insbesondere auch an die Kommunalpolitik – verständlich, möglichst günstige Rahmenbedingungen für die Entfaltung zivilgesellschaftlicher Vergemeinschaftungs- und Engagementformen zu schaffen. In diesem Punkt gibt es, wie sich zeigt, eine weitgehende Übereinstimmung mit zentralen Handlungsempfehlungen, die in den eingangs zitierten Berichten und Studien zu regionalen Disparitäten ausgesprochen werden.

2.7 Zusammenhalt als Anforderung an neues Engagement – Soziale Orte als Perspektive

Auch im Landkreis Saalfeld-Rudolstadt beschränkt sich ehrenamtliches Engagement heute nicht auf den traditionell verankerten und zum Teil schon zu DDR-Zeiten (und davor) existierenden Vereinskontext. Vielmehr haben sich längst auch „moderne" Formen gesellschaftlichen Engagements „von unten" entwickelt, mit denen man bestimmte kommunal- bzw. regionalpolitische Ziele verfolgt und deren Protagonistinnen und Protagonisten ihrem Selbstverständnis nach an der Herstellung sozialen Zusammenhalts aktiv beteiligt sind. Eine solche Entwicklung hin zu neueren Formen zivilgesellschaftlichen Engagements ist zumindest vor dem Hintergrund früherer Erfahrungen aus DDR-Zeiten, in denen kollektive Aktivitäten außerhalb staatlich verordneter bzw. gebilligter Vergemeinschaftungsformen kaum möglich waren, keineswegs selbstverständlich. Ein nicht staatlich eingebundenes bzw. reglementiertes politisches Engagement habe in der DDR „nur in den Kirchenorganisationen und den Nischenkulturen Platz" gehabt (Walk und Dienel 2009, 200). Das heißt: Autonome Formen eines „modernen" bürgerschaftlichen Engagements mussten nach der Wende in Ostdeutschland im Grunde erst angeeignet bzw. „erlernt" werden und sich gegen Vorbehalte, Widerstände und zunächst eher ungünstige Rahmenbedingungen durchsetzen (vgl. Kowalczuk 2019, 215 ff.; Mau 2019, 202 f.; Ahbe 2010, 20 f.).[6] Das trifft auch auf den Landkreis Saalfeld-Rudolstadt zu.

Zentrale Befunde unseres Forschungsvorhabens beruhen auf *empirischen Fallstudien*, die wir in unserer Untersuchungsregion durchgeführt haben. Die Fallstudien machen in exemplarischer Weise deutlich, dass bürgerschaftliche Engagementformen, die sich in Westdeutschland schon wesentlich früher entfalten konnten, im Zuge eines allmählichen Angleichungsprozesses inzwischen auch in Ostdeutschland anzutreffen sind. Für einen solchen Angleichungsprozess sprechen auch die Ergebnisse der ersten vier Wellen des Deutschen Freiwilligensurveys (1999, 2004, 2009 und 2014). Der alles in allem auffälligste Trend liegt in der Zunahme des freiwilligen Engagements insbesondere bei der jüngeren Generation der bis 45-Jährigen (vgl. Olk und Gensicke 2014, 13; Simonson et al. 2017, 581). Ein weiterer Trend zeigt sich darin, dass vor allem „basisnähere" Formen des Engagements Zulauf bekommen haben, und zwar zum einen bei der öffentlichen Beteiligung bzw. (passiven) Mitgliedschaft, zum anderen beim aktiven freiwilligen Engagement in den entsprechenden Organisationen und Initiativen. Es handele sich hier um Formen des Engagements, „die sich auf konkrete Zwecke wie bestimmte Aspekte des Umweltschutzes oder des lokalen Gemeinwesens beziehen", etwa in den Bereichen sozialer Infrastruktur oder kommunaler Einrichtungen (Kindergarten, Schule, Jugendarbeit, Gesundheitswesen usw.). Dabei habe sich das „lokale Bürgerengagement" besonders dynamisch entwickelt (Olk und Gensicke 2014, 35 f.)[7].

Auf eine ähnliche Entwicklung stoßen wir im Landkreis Saalfeld-Rudolstadt. Exemplarisch haben wir diese Entwicklung im Rahmen von drei Fallstudien zur Genese Sozialer Orte nachgezeichnet: In allen drei Fällen sind Kooperationen und Vernetzungen auf lokaler bzw. regionaler Basis kennzeichnend, an denen – in jeweils unterschiedlicher Ausprägung – zivilgesellschaftliche, kommunalpolitische und wirtschaftliche Akteur/-innen beteiligt sind. Der eigentliche Anstoß kam aller-

---

6 Kowalczuk (2019, 261) kommt – ganz ähnlich wie Mau (2019) und Ahbe (2010) – zu der Einschätzung, dass auf den kurzfristigen zivilgesellschaftlichen Aufbruch nach dem Mauerfall bei vielen die privatistische Wende folgte: „Es ging sehr schnell für viele nur noch darum, das neue Leben, die neuen Herausforderungen zu meistern", bedingt durch die einschneidenden ökonomischen, sozialen und alltagskulturellen Auswirkungen des unmittelbar nach der Wende einsetzenden Transformationsprozesses.
7 Hier auf Grundlage der ersten drei Erhebungswellen des Deutschen Freiwilligensurveys.

dings in allen drei Fällen „von unten", das heißt von einer Bottom-up-Initiative. Damit hatte er seinen Ursprung in einem sozialen Akteursfeld, das, wie sich oben bereits zeigte, viele unserer Befragten und Interviewpartner/-innen als grundlegend für die Herstellung von gesellschaftlichem Zusammenhalt ansehen.

2.8 Die Fallstudien

Im Rahmen des vorliegenden Beitrags können wir die Entwicklung der von uns untersuchten Sozialen Orte nicht im Detail und in der Differenziertheit wiedergeben, die für solche lokalen Prozesse, in denen sich neue Akteurskonstellationen, Vernetzungen und Aktionsformen herausbilden, charakteristisch sind. Vielmehr folgen zunächst kurze Berichte zu den drei exemplarisch ausgewählten Sozialen Orten, um über deren inhaltliche Ausrichtung, die jeweilige Akteursstruktur sowie die zentralen Zielsetzungen zu informieren. Ein wichtiges Auswahlkriterium für die drei Fallstudien war, dass die von uns einbezogenen Initiativen und Aktionsbündnisse tragfähige lokale bzw. regionale Entwicklungen in Gang gebracht, also bereits einen Prozess der internen Stabilisierung sowie der Verstetigung und Institutionalisierung durchlaufen haben. Auch im Selbstverständnis der beteiligten Akteur/-innen sind sowohl die von ihnen geschaffenen Organisations- und Vernetzungsstrukturen als auch die inhaltlichen Ziele auf Dauerhaftigkeit ausgerichtet und damit am Prinzip der sozialen Nachhaltigkeit orientiert.

Es folgen Kurzbeschreibungen der Fallstudien. Anschließend werden die wichtigsten Ergebnisse und Erkenntnisse zur Genese, zu den Erfolgsfaktoren sowie zu möglichen Grenzen der untersuchten Sozialen Orte zusammenfassend dargestellt. Zunächst zu den Fallstudien:

Erstens die lokale Initiative „*Rudolstadt blüht auf*": Sie ist 2009/2010 von einigen interessierten Bürger/-innen sowie Mitarbeiter/-innen der Rudolstädter Stadtverwaltung ins Leben gerufen worden. Seitdem konnte der Kreis der beteiligten Akteur/-innen beträchtlich erweitert werden. Er hat sich in der aktuellen Selbstbeschreibung zu einem „Aktionsbündnis" entwickelt, das aus „Bürgerinnen und Bürgern, Institutionen, Kindergärten und Schulen, Vereinen, Firmen und der Stadtverwaltung Rudolstadt" besteht und das sich „zum Ziel gesetzt hat, Rudolstadt noch grüner, noch blühender zu machen" (Homepage „Rudolstadt blüht auf"). Im Kern geht es um die Verbesserung der Stadtökologie: Man wolle im Rahmen ehrenamtlicher Tätigkeit „den Natur- und Umweltschutz sowie die Landschaftspflege stärken und [...] dem Grundsatz der Nachhaltigkeit folgen".[8] Dadurch soll die Lebensqualität in der Stadt (ca. 25.000 Einwohner/-innen 2019) weiter gesteigert und es sollen (neue) Orte der Begegnung und des sozialen Zusammenhalts geschaffen werden. Dies geschieht über

---

[8] Auszug aus der Satzung des 2011 gegründeten Vereins „Rudolstadt blüht auf e. V."..

eine Reihe regelmäßig wiederkehrender Veranstaltungen sowie mit einer Vielzahl kleinerer sowie einiger großer Schwerpunktprojekte,[9] an denen sich jede(r) Interessierte beteiligen kann.

Zweitens das lokale Akteursbündnis „*Neue Nachbarn Rudolstadt*": Es wurde 2015 als ehrenamtliche Flüchtlingsinitiative gegründet. Aktueller Anlass waren öffentliche Proteste einer Bürgerinitiative, die sich gegen eine in Rudolstadt geplante Erstaufnahmestelle für Geflüchtete richteten. Daraufhin hatte sich ein Kreis von Rudolstädtern zusammengefunden, um sich für Geflüchtete in ihrer Stadt zu engagieren. Eine Erstaufnahmestelle wurde nicht eingerichtet, aber eine Gemeinschaftsunterkunft, die seitdem intensive Unterstützung durch die „Neuen Nachbarn Rudolstadt" findet. Im Zuge vielfältiger Vernetzungsaktivitäten hat sich diese Initiative zu einem Sozialen Ort entwickelt, der davon gekennzeichnet ist, dass ein breites Spektrum lokaler Akteur/-innen bzw. Akteursgruppen aus Zivilgesellschaft, Landkreis, kommunalen Parteien sowie Teilen der Wirtschaft in neue Kooperationsbeziehungen eingebunden werden konnte. Inhaltlich zusammengehalten wird dieses Akteursbündnis durch den gemeinsamen Fokus auf Hilfe und Unterstützung für Geflüchtete, etwa durch praktische Ersthilfe (zum Beispiel Beratung, Behördengänge usw.), durch Herstellung von neuen Kontaktmöglichkeiten zur Rudolstädter Bevölkerung oder durch gezielte Integrationsmaßnahmen (Sprachkurse, Einrichtung eines Clubraums als Begegnungsstätte, Wohnungssuche für Geflüchtete mit Bleibeperspektive, Vermittlung von Praktikums- oder anderen Beschäftigungsmöglichkeiten).

Drittens die regionale Initiative „*Zukunftswerkstatt Schwarzatal*": Eine in der Nachwendezeit sich mehr und mehr verschärfende wirtschaftliche und demografische Problemsituation in der vor allem vom Tourismus geprägten Region Schwarzatal veranlasste 2011 eine Reihe von hier ansässigen Akteur/-innen zur Gründung der Initiative. Inzwischen ist ein regionales Akteurs- und Organisationsnetzwerk aus zivilgesellschaftlichen, kommunalen und regionalwirtschaftlichen Akteur/-innen entstanden, das den Niedergang aufhalten und in eine regional zukunftsfähige Entwicklung umlenken will. Dieses Netzwerk kann als exemplarisches Beispiel für die Schaffung einer regionalen Struktur Sozialer Orte – bzw. eines über eine ganze Region sich erstreckenden Sozialen Ortes – betrachtet werden. Angestrebt werden ein stärkerer Zusammenhalt sowohl der Menschen als auch der ursprünglich stark konkurrierenden Gemeinden in der Region sowie die Nachhaltigkeit der sozialen, wirtschaftlichen sowie landschaftlich-ökologischen Entwicklung des Schwarzatals.

---

9 Z. B. die Pflege eines von der Initiative rekultivierten Weinbergs unterhalb des Stadtschlosses.

2.9 Zur Genese Sozialer Orte – zentrale Ergebnisse und Schlussfolgerungen

Was sind die gemeinsamen Merkmale und Charakteristika dieser Sozialen Orte? Welche „Erfolgsfaktoren" haben zu ihrer Genese beigetragen sowie die praktische Umsetzung bisheriger Zielsetzungen und konkreter Maßnahmen und Projekte ermöglicht? Welche Rolle spielen dabei institutionelle Voraussetzungen und Unterstützungsstrukturen? Und inwieweit zeichnen sich Grenzen der Sozialen Orte ab?

Einen wichtigen Erfolgsfaktor sehen wir darin, dass es einerseits zu einem Prozess der *internen* Festigung und Strukturbildung der ursprünglichen (bürgerschaftlichen) Initiativgründungen kam, dass man aber andererseits nach außen, die *externen* Austauschbeziehungen betreffend, offen blieb und dem eigenen Selbstverständnis nach eine sozial inklusive Struktur mit niedrigschwelligen Zugangsmöglichkeiten für Beteiligte und Kooperationspartner anstrebte. Wichtige Schritte der internen Konsolidierung und Strukturbildung waren die Überführung der Initiativen in die formelle Struktur eines Vereins bzw. – in einem Fall – die Einrichtung eines „Koordinierungskreises" als Quasi-Vorstand, in allen drei Fällen die Schaffung einer mehr oder minder formalisierten Struktur inhaltlich ausgerichteter Arbeitsgruppen (mit ihren jeweiligen Sprecher/-innen), diverser praktischer Projekte und Maßnahmen (und den dafür zuständigen Personen) sowie der in einem bestimmten zeitlichen Rhythmus stattfindenden Zusammenkünfte, Veranstaltungen und Events mit zum Teil öffentlichkeitswirksamem Charakter. Letztlich begegnen wir hier der für die Praxis zivilgesellschaftlichen Engagements bereits bewährten Struktur konzentrischer Akteurskreise, die sowohl interne Festigung als auch externe Offenheit miteinander verbindet: Im inneren Kreis befinden sich einige hoch motivierte und mit relevanten Handlungskompetenzen ausgestattete Schlüsselakteur/-innen (häufig die Gründer/-innen der Initiativen), es folgt ein erweiterter Kreis von engagierten Mitstreiter/-innen, etwa in den Arbeitskreisen, die vielfältige Kompetenzen einbringen und sich mit unterschiedlicher zeitlicher wie praktischer Intensität ehrenamtlich einbringen, dann das Potenzial der sich punktuell an Projekten Beteiligenden sowie schließlich ein Kreis von Sympathisant(inn)en und Unterstützer/-innen (etwa mit Geld- oder Sachspenden). Eine solche funktionale Rollendifferenzierung fördert die personelle Kontinuität im organisatorischen Kern der Initiative, ermöglicht aber auch die notwendige Fluktuation und Flexibilität in der Beteiligtenstruktur (vgl. Byzio et al. 2002, 401 ff.).

Für die Genese der hier untersuchten Sozialen Orte war es zudem entscheidend, dass die ursprünglichen Initiativen in der Lage waren, dauerhafte lokale bzw. regionale Kooperationsbeziehungen auch außerhalb der zivilgesellschaftlichen Sphäre ehrenamtlicher Akteur/-innen aufzubauen. Intensive Vernetzungsaktivitäten wurden damit zu tragenden Elementen bei der Konturierung (neuer) Sozialer Orte, in deren Verlauf alle Beteiligten soziales Kapital dazugewannen sowie den Möglichkeitsraum für die praktische Einflussnahme auf lokale bzw. regionale Veränderungsprozesse erweitern konnten. Solche Kooperationsbeziehungen gehörten zum Teil bereits zu den Entstehungsbedingungen der Sozialen Orte, so im Fall von „Rudolstadt blüht auf": Essenziell wichtig war von Beginn an die Kooperation mit der Stadtverwaltung, insbesondere mit Vertreter/-innen aus dem kommunalen Sachgebiet für Grünanlagen/Stadtgrün, da ansonsten der notwendige Zugang zu den städtischen Grünflächen nicht möglich geworden wäre. In allen drei Fällen kam es im Zuge der Erweiterung des eigenen Aktionsraums zum weiteren systematischen Ausbau der Vernetzungsstrukturen, und dies zum Teil über die lokalen Grenzen hinaus: etwa durch die Kooperation mit anderen zivilgesellschaftlichen Organisationen wie Wohlfahrtsverbänden oder Vereinen, mit Stadt-/Kreis- oder Gemeindeverwaltungen – so gelang es etwa der „Zukunftswerkstatt Schwarzatal", etliche Ortsbürgermeister der Region mit ins Boot zu holen – sowie mit lokalen oder regionalen Unternehmen. Letztere fungieren als finanzielle Unterstützer, helfen in einigen Fällen[10] auch mit Sachleistungen aus oder haben, wie im Fall des Gastronomie- und Hotelgewerbes im Schwarzatal, ein unmittelbares Interesse an den Zielen der regionalen „Zukunftswerkstatt". Da es zudem gelang, die Internationale Bauausstellung Thüringen mit ins Boot zu holen, sind weitere Fördermittel, fachlicher Input sowie personelle Unterstützung bei der Wiederinstandsetzung von Teilen der historischen Sommerfrische-Architektur gesichert. Ohne diese externe Unterstützung wäre ein Kernziel der ehrenamtlichen Initiative, die regionale Tourismusförderung, vermutlich nur begrenzt umsetzbar.

Wir haben bisher bestimmte, im lokalen oder regionalen Raum sich vollziehende soziale Strukturierungsprozesse betrachtet, über die sich (neue) Soziale Orte konstituieren können, seien es interne Strukturierungen im Bereich bürgerschaftlichen Engagements oder sei es der Aufbau von lokalen bzw. überlokalen Vernetzungsstrukturen und Kooperationsbeziehungen. Das dadurch geknüpfte soziale Gewebe ermöglicht vielfältige neue Austauschbeziehungen, eröffnet den beteiligten Akteur/-innen neuartige Handlungsoptionen und führt zudem zu neuen gegenseitigen Verpflichtungen und Handlungserwartungen, die wiederum Prozesse der Verstetigung stärken. Ein weiteres konstitutives Moment Sozialer Orte liegt nach unseren Befunden im *Selbstverständnis* und den *Handlungsmotivationen* der beteiligten Protagonist(inn)en begründet. Zu diesem Selbstverständnis, das in den von uns geführten Interviews zum Ausdruck kommt, gehört, dass man mit den eigenen Aktivitäten, Projekten und Aktionen zum *sozialen Zusammenhalt* beiträgt. Diese Einschätzung bezieht sich zunächst darauf, dass mit den eigenen Projekten und Aktionen jeweils Möglichkeiten freiwillig gewählter Vergemeinschaftung angeboten werden, worüber neue soziale Verbindungen und Kommunikationsweisen unter den beteiligten Personen entstehen können. Hierbei geht es nicht zuletzt um die Wahrnehmung kollektiver Selbstwirksam-

---

10 Etwa für die Pflege oder den Ausbau des Stadtgrüns durch „Rudolstadt blüht auf" oder, wie in einigen Fällen geschehen, durch das Angebot von Praktikumsplätzen für Geflüchtete, die von den „Neuen Nachbarn Rudolstadt" betreut wurden.

keit, sofern das gemeinsame Engagement sichtbare Ergebnisse nach sich zieht. Nicht nur in der Binnen-, auch in der *Außenwirkung* des gemeinsamen Engagements sieht man wichtige Impulse, die zum sozialen Zusammenhalt vor Ort beitragen können – sei es durch Anstöße zum Umdenken oder zu Verhaltensänderungen in der Bevölkerung oder durch die Schaffung neuer sozialer Treffpunkte, an denen die Menschen zusammenkommen und sich begegnen können.[11] Zum Selbstverständnis der „Neuen Nachbarn Rudolstadt" gehört insbesondere, dass man sich öffentlich gegen fremdenfeindliche Haltungen wendet und sich für ein soziales Miteinander von Geflüchteten und der Rudolstädter Bevölkerung einsetzt. Mit dieser Zielsetzung verbindet sich die (Selbst-)Wahrnehmung, mit dem gemeinsamen Engagement zur sozialen Integration von Geflüchteten sowie zum gesellschaftlichen Zusammenhalt vor Ort beizutragen – nicht zuletzt dadurch, dass man der Bevölkerung konkrete Möglichkeiten des Miteinanders mit Geflüchteten vorlebt. Die „Zukunftswerkstatt Schwarzatal" schließlich hat den expliziten Anspruch, „die Region zusammenzubringen", etwa durch eine bessere Kommunikation und Kooperation der Gemeinden, sowie neue Wege der sozialen Nachhaltigkeit in der Region zu beschreiben, und zwar mit dem Ziel, dem Trend zur Abwanderung etwas entgegensetzen zu können, zum Beispiel durch die Förderung neuer Arbeits-, Wohn- und Lebensformen im Schwarzatal. Im Vordergrund stehe „die Idee eines gemeinschaftlichen, sozialen, gerechteren Miteinanders in der Region" (Interviewzitat). Wenn es somit eine inhaltlich verbindende Klammer zwischen den hier beschriebenen Sozialen Orten gibt, so ist es – bei allen Unterschieden, was die jeweiligen Mittel und Wege betrifft – der Anspruch der involvierten Akteur/-innen, *neue Infrastrukturen des Gemeinsinns* vor Ort bzw. auf regionaler Ebene zu schaffen, um damit stärkende Impulse für das Gemeinwesen und die Lebensqualität der Menschen zu setzen, Gelegenheitsstrukturen für bürgerschaftliches Engagement zu erweitern sowie das öffentliche Bewusstsein für Fragen des sozialen Zusammenhalts und Zusammenwirkens zu schärfen. Man sieht sich hier durchaus, wie uns in den Interviews versichert wurde, in einer *Vorreiterrolle*, die über die lokalen Grenzen hinauswirkt. Man pflegt Kontakte zu interessierten Akteur/-innen und Organisationen in benachbarten Gemeinden sowie auf Thüringer Landesebene, ist mit seinen Vorhaben und Zielsetzungen in den (regionalen) Medien sowie auf Veranstaltungen und Tagungen präsent, informiert die Öffentlichkeit über eigene Homepages und stößt im Fall der „Zukunftswerkstatt Schwarzatal" durch die intensive Kooperation mit der „Internationalen Bauausstellung Thüringen" auf landesweites Interesse.

Wie sich zeigte, waren es zivilgesellschaftliche Initiativen, die jeweils den Nukleus der hier beschriebenen Sozialen Orte bildeten. Deren Genese ist auch das Ergebnis

---

11 Etwa durch alljährlich wiederkehrende Veranstaltungen, wie das Weinbergfest („Rudolstadt blüht auf") oder den „Tag der Sommerfrische" im Schwarzatal, oder die Einrichtung eines regelmäßigen Treffpunkts wie des „Arabischen Ladens" in Rudolstadt, bei dem auch die „Neuen Nachbarn Rudolstadt" mitwirken und der auch zum Ort interkultureller Begegnung geworden ist.

bürgerschaftlicher Selbstbehauptung: Soziale Orte entstehen nicht im konfliktfreien Raum, sondern sind, wie unsere Fallstudien verdeutlichen, auch Orte der Konfliktaustragung und Konfliktbewältigung. Die von den Ursprungsinitiativen verfolgten inhaltlichen Zielsetzungen erforderten zu ihrer Durchsetzung spezifische Strategien und Wege der Selbstbehauptung in einem von vornherein nicht immer günstigen institutionellen oder lokalpolitischen Umfeld. Die Initiativen bewegten – und bewegen – sich in einem Spannungsfeld, das einerseits von dem Selbstverständnis institutionell und politisch unabhängiger Aktionsbündnisse engagierter Bürgerinnen und Bürger geprägt ist, die ihre Ziele und die Form ihrer praktischen Umsetzung autonom und selbstbestimmt wählen. Andererseits war und ist man, wie sich zeigte, in mancherlei Hinsicht auf die Kooperation mit Stadt- und Gemeindeverwaltungen oder lokal- und regionalpolitischen Akteur/-innen angewiesen, was auf beiden Seiten Kompromissfähigkeit erfordert und für die bürgerschaftlichen Akteur/-innen gegebenenfalls heißt, die selbst gesetzten Ziele auch gegen Vorbehalte und Widerstände, etwa seitens der städtischen Bürokratie oder kooperationsunwilliger Gemeindebürgermeister, durchsetzen zu müssen. Im Zweifelsfall verlangt dies den Willen und die Fähigkeit zum offenen Konflikt, etwa mit der kommunalen Verwaltung oder den politischen Gremien vor Ort.[12] Die „Neuen Nachbarn Rudolstadt" sind sogar aus einem lokalen Konflikt um die Aufnahme von Geflüchteten hervorgegangen, der von einer Gegeninitiative geschürt wurde. Inzwischen erhalten die „Neuen Nachbarn" zwar stärkeren Rückhalt aus der Bevölkerung, werden aber ebenfalls mit Vorbehalten und ablehnenden oder gar feindseligen Haltungen vor Ort konfrontiert.[13] Die Förderung des Gemeinsinns im Umgang mit den Geflüchteten geht hier mit einer Polarisierung der öffentlichen Meinung einher. Wie oben bereits deutlich wurde, gehört es in allen drei Fällen zur Strategie der Selbstbehauptung, schlagkräftige und einflussstarke Akteursbündnisse und Kooperationsbeziehungen zu schmieden sowie eine möglichst breite Beteiligten- und Unterstützerbasis in der Bevölkerung aufzubauen. Ein weiteres Strategiemerkmal der bürgerschaftlichen Initiativen ist davon gekennzeichnet, möglichst von Beginn an unterschiedliche Kompetenzen intern zu bündeln, seien sie organisatorischer, kommunikativer oder fachlicher Art, sowie das eingebrachte soziale Kapital vielfältiger persönlicher Vernetzungen zu nutzen, um die Arbeitsfähigkeit sowie die Handlungs- und Durchsetzungsstärke der Initiative zu verbessern und den eigenen Gestaltungsanspruch zu unterstreichen. Alles in allem zeigt sich hier der *prozesshafte Charakter* Sozialer Orte, die man auch als im Fluss befindliche Verhandlungssysteme der beteiligten Akteur/-innen bzw. Akteursgruppen bezeichnen könnte. Die Stabilität

---

12 So gelang es „Rudolstadt blüht auf", auch durch die Mobilisierung öffentlichen Protestes, den von der Stadt geplanten Bau einer Tiefgarage zu verhindern, der ein von der Initiative bereits konzipierter Spielplatz und Bürgerpark zum Opfer gefallen wäre.
13 Hasskommentare in den sozialen Medien; fremdenfeindliche Parolen an den Fensterscheiben des Arabischen Ladens usw.

und Bindungskraft eines Sozialen Ortes hängt damit *auch* von der Fähigkeit zum produktiven Zusammenwirken, der Kompromissbereitschaft und den Möglichkeiten der Konfliktbewältigung ab, über die die verschiedenen Akteur/-innen dabei verfügen.

Das soeben Gesagte berührt auch die Frage nach den *Grenzen eines Sozialen Ortes* sowie nach möglichen Gefährdungen der von den jeweiligen Akteursbündnissen angestrebten Ziele. Unsere Ergebnisse zeigen, dass die Erweiterung und Stabilisierung eines Sozialen Ortes auf institutionelle Voraussetzungen, etwa im Rahmen öffentlicher Gewährleistung, angewiesen ist. In allen drei Fallstudien wird deutlich: Für den lokalen bzw. regionalen Rückhalt und die erfolgreiche Praxis bürgerschaftlicher Aktionsbündnisse und Initiativen ist es wichtig, dass sie von kommunaler und administrativer Seite hinreichende Unterstützung und Anerkennung erfahren. Hier sehen viele unserer Interviewpartner/-innen noch gewisse Defizite – etwa im Bereich institutioneller (insbesondere auch finanzieller) Fördermöglichkeiten für das bürgerschaftliche Engagement vor Ort oder bei der Bereitstellung unterstützender kommunaler bzw. regionaler Infrastrukturen und öffentlicher Dienstleistungen, um unzumutbare Überforderungssituationen der zumeist ehrenamtlich Engagierten zu vermeiden. Bürgerschaftliche Initiativen sollten nicht in die Rolle des Lückenbüßers gedrängt werden, wo der Staat sich aus der öffentlichen Daseinsvorsorge zurückzieht.

Weiterhin sind Soziale Orte auf eine langfristig stabile Akteursbasis angewiesen. Dies betrifft zum einen die immer an Personen gebundenen Kooperationsbeziehungen zwischen Akteur/-innen aus Zivilgesellschaft, Verwaltung und Wirtschaft, an denen aktiv „gearbeitet" werden muss. Zum anderen betrifft es das verfügbare Reservoir an Bürgerinnen und Bürgern, die bereit und gewillt sind, ehrenamtlich tätig zu werden und Verantwortung zu übernehmen. Inwieweit man hier dauerhaft über begrenzte Insiderzirkel hinaus kommt und eine lebendige Akteursvielfalt erhält, hängt nicht zuletzt von den Möglichkeiten und Ressourcen eines einmal geschaffenen Sozialen Ortes ab, immer wieder neue Mitstreiter/-innen, Kooperationspartner/-innen und Unterstützer/-innen motivieren und mobilisieren zu können. Diese Anforderung an die Selbststabilisierung eines Sozialen Ortes dürfte dort besonders anspruchsvoll und durch mögliche Rückschläge gefährdet sein, wo man sich wie etwa im Fall der „Neuen Nachbarn Rudolstadt" in einem politisch polarisierten lokalen Umfeld bewegt, oder wie im Fall der „Zukunftswerkstatt Schwarzatal" gegen eine bereits seit Jahrzehnten andauernde ökonomische wie demografische Abwärtsentwicklung einer Region ankämpft. In diesen Fällen ist es umso wichtiger, dass der Staat sich nicht (noch weiter) aus der öffentlichen Gewährleistung von Infrastrukturen und Leistungen der Daseinsvorsorge zurückzieht, sondern die Chancen erkennt, die sich durch neu geschaffene Soziale Orte bieten und hier zum aktiven Partner und Mitspieler bei der Stärkung sozial nachhaltiger Strukturen sowie der Minderung regionaler Disparitäten wird.

2.10 Literaturverzeichnis

Ahbe, T. 2010. „Die DDR im Rücken. Die sozialisatorische Mitgift der Ostdeutschen und der aktuelle Konflikt von Erinnerungen und Leit-Erzählungen im vereinigten Deutschland". www.iwm.at/transit-online/die-ddr-im-ruecken/ (letzter Aufruf: 01.04.2020).

Arbeitskreis & Verein „Rudolstadt blüht auf" & Stadt Rudolstadt. 2020. „Rudolstadt blüht auf! Gemeinsam für unsere Stadt". URL: www.rudolstadt-blueht-auf.de (letzter Aufruf: 30.03.2020).

Assmann, J. 1992. *Das kulturelle Gedächtnis: Schrift, Erinnerung und politische Identität in frühen Hochkulturen*. München: C.H. Beck-Verlag.

Assmann, J. 1988. *Kultur und Gedächtnis*. Frankfurt am Main: Suhrkamp.

Berlin-Institut. 2019. *Teilhabeatlas Deutschland. Ungleichwertige Lebensverhältnisse und wie die Menschen sie wahrnehmen*. Berlin: Berlin-Institut für Bevölkerung und Entwicklung und Wüstenrot Stiftung.

BMI. 2019a. *Deutschlandatlas. Karten zu gleichwertigen Lebensverhältnissen*. Berlin: Bundesministerium des Innern, für Bau und Heimat.

BMI. 2019b. Unser Plan für Deutschland – Gleichwertige Lebensverhältnisse überall. Berlin: Bundesministerium des Innern, für Bau und Heimat.

Byzio, A., H. Heine und R. Mautz. 2002. *Zwischen Solidarhandeln und Marktorientierung. Ökologische Innovation in selbstorganisierten Projekten – autofreies Wohnen, Car Sharing und Windenergienutzung*. Göttingen: Soziologisches Forschungsinstitut Göttingen (SOFI).

Fina, S., F. Osterhage, J. Rönsch, K. Rusche, S. Siedentop, R. Zimmer-Hegmann, R. Danielzyk. 2019. *Ungleiches Deutschland: Sozioökonomischer Disparitätenbericht 2019. Karten, Indikatoren und wissenschaftliche Handlungsempfehlungen*. Bonn: Friedrich-Ebert-Stiftung.

Fink, P., M. Hennicke, H. Tiemann. 2019. *Ungleiches Deutschland: Sozioökonomischer Disparitätenbericht 2019. Für ein besseres Morgen*. Bonn: Friedrich-Ebert-Stiftung.

Halbwachs, M. 1985 [1925]. *Das Gedächtnis und seine sozialen Bedingungen*. Frankfurt am Main: Suhrkamp.

Heinze, R. G., A. K. Orth. 2019. „Bürgerschaftliches Engagement als Teil der kommunalen Governance". In *Die Zukunft der Regionen in Deutschland – Zwischen Vielfalt und Gleichwertigkeit*, editiert von M. Hüther, J. Südekum und M. Voigtländer, 265–74. Köln: IW Köln.

Heitmeyer, W. 2018. *Autoritäre Versuchungen*. Berlin: Suhrkamp.

Helbig, M., L. Frank, S. Huber, K. Rompczyk und K. Salomo. 2020. *Zweiter Thüringer Sozialatlas*. Erfurt: Institut für kommunale Planung und Entwicklung.

Hüther, M., J. Südekum und M. Voigtländer. 2019a. *Die Zukunft der Regionen in Deutschland – Zwischen Vielfalt und Gleichwertigkeit*. Köln: IW Köln.

Hüther, M., J. Südekum und M. Voigtländer. 2019b. „Regionalpolitik für den gesellschaftlichen Zusammenhalt". In *Die Zukunft der Regionen in Deutschland – Zwischen Vielfalt und Gleichwertigkeit*, editiert von M. Hüther, J. Südekum und M. Voigtländer, 9–16, Köln: IW Köln.

Kersten, J., C. Neu und B. Vogel. 2017. „Das Soziale-Orte-Konzept: Ein Beitrag zur Politik des sozialen Zusammenhalts". *UPR Zeitschrift für Wissenschaft und Praxis* 37 (2): 50–6.

Kersten, J., C. Neu und B. Vogel. 2019. „Gleichwertige Lebensverhältnisse – für eine Politik des Zusammenhalts". *Aus Politik und Zeitgeschichte*, 69 (46): 4–11.

Kowalczuk, I. S. 2019. *Die Übernahme. Wie Ostdeutschland Teil der Bundesrepublik wurde*. München: C.H. Beck-Verlag.

Martens, B. und E. Holtmann. 2017. *„Aber hier lebten Menschen, und die waren sehr individuell" – Die DDR und die deutsche Einheit im Gespräch der Generationen*. Halle-Wittenberg: Universitätsverlag Halle-Wittenberg.

Mau, S. 2019. *Lütten Klein: Leben in der ostdeutschen Transformationsgesellschaft*. Berlin: Suhrkamp.

Oberst, C. A., H. Kempermann und C. Schröder. 2019. „Räumliche Entwicklung in Deutschland". In *Die Zukunft der Regionen in Deutschland – Zwischen Vielfalt und Gleichwertigkeit*, editiert von M. Hüther, J. Südekum und M. Voigtländer, 87–114. Köln: IW Köln.

Olk, T. und T. Gensicke. 2014. *Bürgerschaftliches Engagement in Ostdeutschland. Stand und Perspektiven*. Wiesbaden: VS Verlag für Sozialwissenschaften.

Salomo, K. 2019. „Abwanderung, Alterung, Frauenschwund: Die verkannte Gefahr für eine offene Gesellschaft". *WZB Mitteilungen* (165): 17–19.

Simonson, J., C. Vogel und C. Tesch-Römer. 2017. *Freiwilliges Engagement in Deutschland: Der Deutsche Freiwilligensurvey 2014*. Wiesbaden: Springer Fachmedien.

Thüringer Landesamt für Statistik. 2019. „Landkreis Saalfeld-Rudolstadt, Bevölkerung". https://statistik.thueringen.de/datenbank/portrait.asp?auswahl=krs&nr=73&vonbis=&TabelleID=kr000103; www.statistik.thueringen.de/datenbank/TabAnzeige.asp?tabelle=kz000123%7C%7C&auswahlnr=73 (letzter Aufruf: 25.04.2019).

Verein „Rudolstadt blüht auf e. V.". 2011. „Satzung des Vereins, in der Fassung vom 13.10.2011". www.rudolstadt-blueht-auf.de/PDF/Satzung20111013.pdf (letzter Aufruf: 30.03.2020).

Walk, H. und H. L. Dienel. 2009. „Kooperationsnetze und lokale Governance-Formen als Erfolgsfaktoren für ostdeutsche Kommunen". In *Bürgergesellschaft als Projekt: Eine Bestandsaufnahme zu Entwicklung und Förderung zivilgesellschaftlicher Potenziale in Deutschland*, editiert von I. Bode, A. Evers und A. Klein, 195–213. Wiesbaden: VS Verlag für Sozialwissenschaften.

Per Kropp und Holger Seibert

3 Der Kohleausstieg und seine potenziellen Folgen für die regionale Beschäftigungsstruktur: Ein Blick in die Reviere

3.1 Einleitung

Spätestens 2038 werden die letzten Kohlekraftwerke in Deutschland stillgelegt. So sieht es das „Gesetz zur Reduzierung und zur Beendigung der Kohleverstromung" vom Juli 2020 vor. Dieser Prozess begann mit der Stilllegung des Blocks D im Kraftwerk Niederaußem im nordrhein-westfälischen Rhein-Erft-Kreis am 31. Dezember 2020. Der letzte Block in Niederaußem soll allerdings ebenso wie Blöcke in Neurath (Nordrhein-Westfalen), Schwarze Pumpe (Brandenburg) und Boxberg (Sachsen) noch 18 weitere Jahre laufen dürfen (vgl. Abb. 3.1).

Möglicherweise beschleunigt sich der Ausstieg allerdings erheblich:

> Der Kohleausstieg wird schneller kommen als bisher vorgesehen. Ich gehe davon aus, dass der Ausstiegspfad, den die Bundesregierung – auf Grundlage des alten EU-Klimaziels – im letzten Jahr formuliert hat mit der Anhebung des Ziels vom Markt beschleunigt wird und wir vermutlich schon 2030 keine Kohle mehr in Deutschland verstromen.

erklärt Bundesumweltministerin Svenja Schulze auf der Tagesspiegel-Konferenz debate.energy am 20.4.2021 (BMU 2021). Ein beschleunigter Ausstieg aus der Braunkohleförderung erscheint ökologisch geboten, um die Pariser Klimaziele zu erreichen (der CO_2-Ausstoß bei der Energieerzeugung ist bei Braunkohle fast drei Mal so hoch wie bei Erdgas [vgl. Icha und Kuhs 2020]), und er ergibt sich wirtschaftlich aus der Einpreisung der Klimafolgekosten über CO_2-Zertifikate (vgl. Matthes et al. 2020).

Die vorliegende Studie untersucht mögliche Beschäftigungsfolgen des Kohleausstiegs für die verbliebenen Braunkohlereviere, nämlich das Rheinische Revier im Südwesten von Nordrhein-Westfalen, das Mitteldeutsche Revier, welches Teile von Sachsen-Anhalt, Sachsen und Thüringen umfasst, sowie das Lausitzer Revier im südlichen Brandenburg und östlichen Sachsen. Wir betrachten außerdem das Helmstedter Revier im Osten Niedersachsens, wo seit 2016 keine Kohle mehr abgebaut wird (vgl. Abb. 3.2) und dessen letztes Kraftwerk im Oktober 2020 geschlossen wurde. Zugleich geht es damit im Rahmen dieses Sammelbandes auch um die Frage, ob die soziale

---

Wir danken unseren Kolleg(inn)en Uwe Sujata und Jeanette Carstensen für die Unterstützung bei der Datenaufbereitung und -prüfung sowie beim Layout für diesen Beitrag.

https://doi.org/10.1515/9783110701678-003

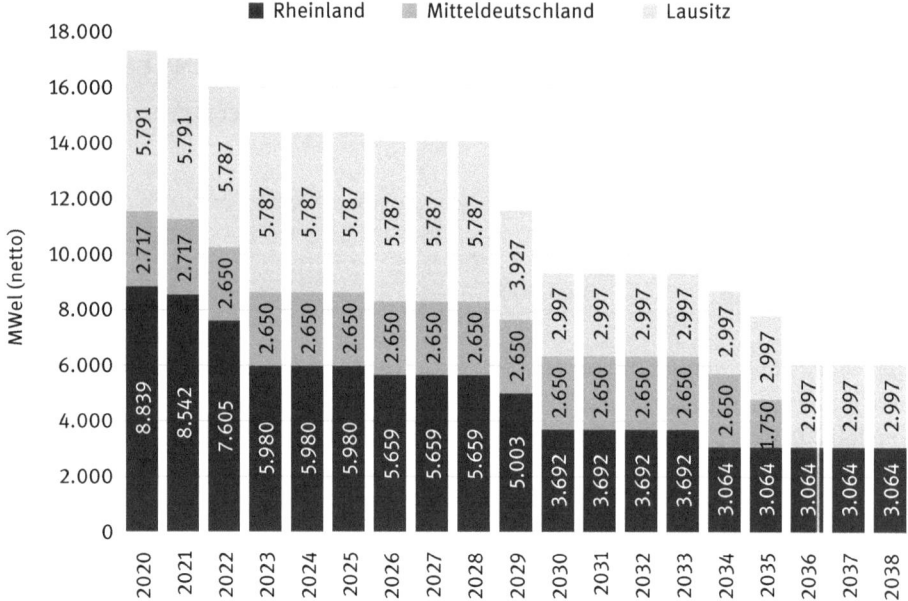

Abb. 3.1: Der Kohleausstieg nach dem Kohleverstromungsbeendigungsgesetz – Verbleibende Stromerzeugungskapazitäten aus Braunkohle bis 2038 unter Berücksichtigung der sukzessiven Stilllegung der Braunkohlekraftwerke, in Megawatt$_{elektrisch}$ (netto) (Quelle: Kohleverstromungsbeendigungsgesetz 2020: Anlage 2 (zu Teil 5) Stilllegungszeitpunkte Braunkohleanlage).

Nachhaltigkeit in der Region durch den langfristigen Wegfall der Arbeitsplätze in der Braunkohleverstromung gefährdet ist.

Der Braunkohleabbau hat in Deutschland erst relativ spät, nämlich nach dem Verlust wichtiger Steinkohlereviere in Folge des Ersten Weltkrieges, eine größere Bedeutung erlangt (vgl. Bischoff 2000). Seitdem prägte er allerdings maßgeblich das wirtschaftliche und gesellschaftliche Leben in den Braunkohlerevieren. Besonders in der DDR wurde Braunkohle der wichtigste Primärenergieträger, eine Entwicklung, die mit der Wiedervereinigung einen drastischen Bruch erfuhr.

Die Beschäftigungsentwicklung in der Kohlewirtschaft verlief in Ost- und Westdeutschland sehr unterschiedlich. In Westdeutschland waren Braunkohle- wie auch Steinkohleabbau bis in die 1960er Jahre hinein sehr beschäftigungsintensiv, die Bedeutung ging aber bereits seit dem Ende der 1950er Jahre stetig zurück. Immer mehr wurde die Kohle durch Erdöl bzw. Atomenergie ersetzt. Auch trugen zunehmende Produktivitätssteigerungen zu einem sukzessiven Abbau der Beschäftigung zumindest in Westdeutschland bei. Waren in der Braunkohlewirtschaft 1950 in West und Ost je 500 Personen für eine Million Tonnen Förderleistung beschäftigt, so waren es 1989 noch 160 bzw. 460 und in den 2010er Jahren mitunter nur 110 bzw. 130. In den letzten Jahren wurde die Beschäftigung allerdings trotz deutlich sinkender Förderleistung hochgehalten, sodass 2020 in beiden Regionen wieder 180 Beschäftigte je eine Mil-

Abb. 3.2: Die Lage der deutschen Braunkohlereviere (Quelle: BMWI 2019, 10).

lion Tonnen Förderleistung gezählt werden können. Für die Förderung von Steinkohle wurden in den 1950er Jahren noch bis über 4.100 Beschäftigte je eine Million Tonnen Förderleistung eingesetzt, in den 2010er Jahren dagegen nur noch 1.600 (eigene Auswertungen der Statistik der Kohlenwirtschaft).

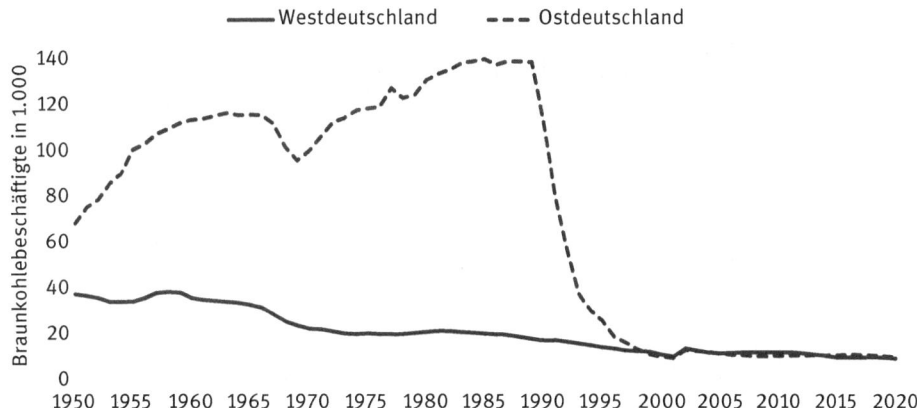

Abb. 3.3: Beschäftigte im Braunkohlenbergbau[1] in Deutschland 1950–2020 (Quelle: Statistik der Kohlenwirtschaft e. V. 2019).

---

[1] Seit 2008 zählte die Kohlenstatistik auch Beschäftigte in den Braunkohlekraftwerken der allgemeinen Versorgung.

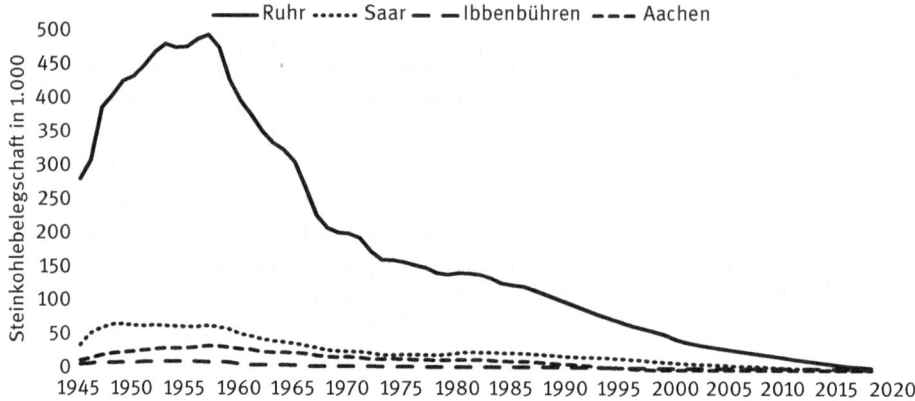

Abb. 3.4: Belegschaft im Steinkohlenbergbau in Deutschland 1945–2018 (Quelle: Statistik der Kohlenwirtschaft e. V. 2019).

Wenn in den ostdeutschen Revieren von der Angst vor einem Strukturbruch die Rede ist, dann bezieht es sich dort sehr konkret auf die unmittelbare Nachwendeerfahrung. Damals sank die Zahl der Braunkohlebeschäftigten innerhalb von drei Jahren von 140.000 auf unter 40.000. Von 1989 bis zum Jahr 2000 reduzierte sich die Zahl der ostdeutschen Braunkohlebeschäftigten auf unter 8 Prozent des 1989er Niveaus, während die Beschäftigung in Westdeutschland relativ kontinuierlich von den 1950ern bis 2000 auf 30 Prozent sank. Seit 2002 schrumpfte die Zahl der Braunkohlebeschäftigten nochmals deutlich, in Westdeutschland um ca. 30 Prozent, im Osten um ein knappes Viertel (siehe Abb. 3.3).

Für Westdeutschland spielte allerdings die Beschäftigung in der Steinkohle bis in die 2010er Jahre eine deutlich größere Rolle. Hier waren noch in den 1950er Jahren bis zu 17-mal mehr Personen beschäftigt als in der Braunkohle. Von da an war jedoch die Zahl der Kumpel von Spitzenwerten knapp unter 600.000 Beschäftigten über Jahre stark rückläufig und pendelte sich Mitte der 1970er Jahre für eine knappe Dekade bei unter 200.000 ein, um anschließend weiter kontinuierlich zurückzugehen. Bei der Braunkohle lag der Höchstwert der Beschäftigten in Westdeutschland bei knapp 40.000 im Jahr 1958 (siehe Abb. 3.4).

3.2 Beschäftigung im Braunkohlesektor (Förderung und Verstromung) seit 2007 im regionalen Branchenmix

Vor dem Hintergrund des geplanten Ausstiegs aus Braunkohleabbau und -verstromung analysieren wir im Folgenden die Struktur der Beschäftigung in den Braunkohlerevieren. Dabei bauen wir auch auf vorangegangene Studien auf (vgl. Kropp et al. 2019; Roth et al. 2020 und Seibert et al. 2018). Unsere Analyse wird im Wesentlichen

auf der Grundlage der Statistik der sozialversicherungspflichtig Beschäftigten (Stichtag: 30.06.2020 bzw. vorhergehende Jahre) durchgeführt, für die uns im Gegensatz zur Statistik der Kohlenwirtschaft zahlreiche Beschäftigtenmerkmale wie Alter, Beruf und Qualifikationsniveau vorliegen. Im Zusammenhang von Braunkohleabbau und -verstromung betrachten wir die folgenden Branchen:
- den Braunkohlenbergbau (WZ2008-Schlüssel: 052),
- die Erbringung von Dienstleistungen für den sonstigen Bergbau und die Gewinnung von Steinen und Erden (WZ2008-Schlüssel: 099; kurz: Bergbaudienstleistungen) sowie
- die Elektrizitätserzeugung (WZ2008-Schlüssel: 3511)

und bezeichnen diese fortan als Braunkohlewirtschaft oder Braunkohlebeschäftigte. Differenzierte Auswertungen der Wirtschaftszweige der Kohlebranche nach Revieren können wir aus Datenschutzgründen nicht vornehmen.

Seit 2007 ist die Beschäftigung in der Braunkohlewirtschaft um insgesamt 18 Prozent zurückgegangen. Dies entspricht exakt dem Rückgang im Braunkohlenbergbau. Noch stärker war der Rückgang bei Bergbaudienstleistungen (−28 Prozent), geringer in der Elektrizitätserzeugung (−13 Prozent) (vgl. Abb. 3.5). Sowohl die Beschäftigtenzahlen als auch deren Entwicklung im Zeitverlauf sind mit denen der Kohlenstatistik vergleichbar. Wir erachten es darum nicht als gravierendes Problem, dass sowohl die Bergbaudienstleistungen als auch die Elektrizitätserzeugung nicht nur kohlebedingte Beschäftigung widerspiegeln, sondern auch z. B. Stromerzeugung aus Gas oder Erneuerbaren Energien. Steinkohle oder Kernkraft spielen für die Energieerzeugung in den Revieren (außer Steinkohle im Helmstedter Revier) keine wesentliche Rolle.

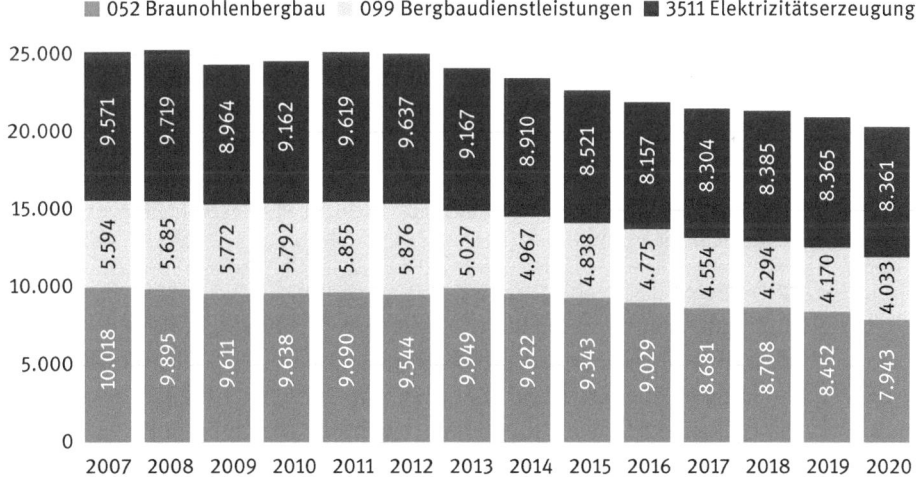

Abb. 3.5: Beschäftigungsentwicklung in der Braunkohlewirtschaft nach Wirtschaftszweigen in Deutschland, 2007–2020 (Quelle: Beschäftigungsstatistik der Bundesagentur für Arbeit 2021).

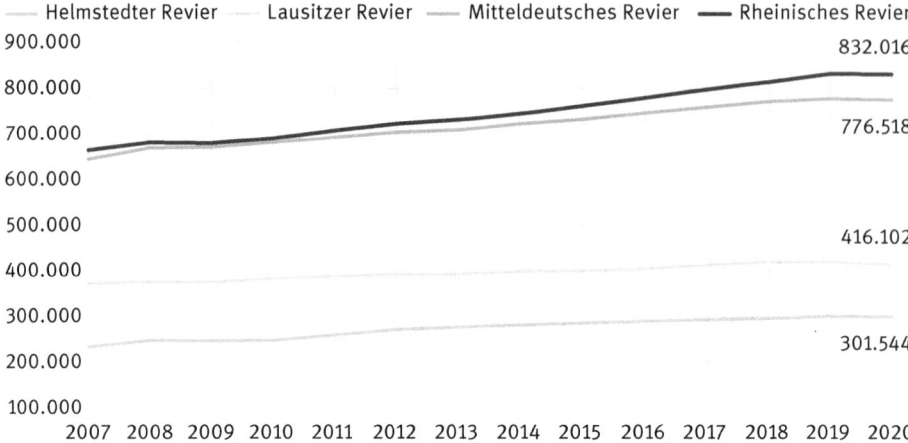

Abb. 3.6: Entwicklung der Gesamtbeschäftigung, 2007–2020 (Quelle: Beschäftigungsstatistik der Bundesagentur für Arbeit 2021).

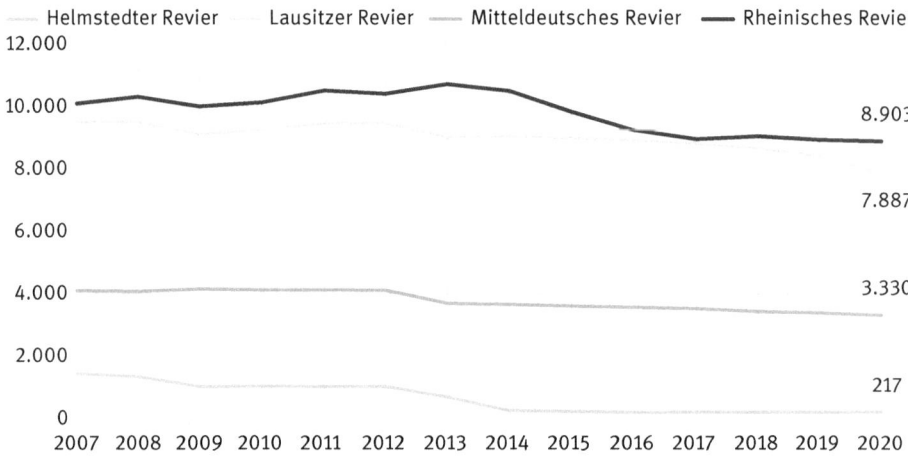

Abb. 3.7: Entwicklung der Braunkohlebeschäftigten, 2007–2020 (Quelle: Beschäftigungsstatistik der Bundesagentur für Arbeit 2021).

Die Beschäftigungsentwicklung in den Revieren verlief für die Kohlebranche und die Gesamtbeschäftigung gegensätzlich (vgl. Abb. 3.6 und Abb. 3.7). Während die Zahl der Kohlebeschäftigten zwischen 2007 und 2020 um 12 Prozent (Rheinisches Revier) bis 85 Prozent (Helmstedter Revier) zurückging, wuchs die Gesamtbeschäftigung in allen Regionen um 12 bis 28 Prozent. Sowohl das Rheinische als auch das Helmstedter Revier entwickelten sich dabei besser als Deutschland insgesamt, das Mitteldeutsche Revier wuchs zumindest stärker als die ostdeutschen Flächenländer. Dass der Rückgang der Kohlebeschäftigten scheinbar keinen Einfluss auf die Gesamtbeschäftigung hat, erscheint angesichts des geringen Beschäftigtenanteils dieser Branche sehr plausibel.

Dagegen lassen sich andere Wirtschaftszweige als Treiber der Beschäftigungsentwicklung identifizieren. Abbildung 3.8 zeigt die Beschäftigungsentwicklung seit 2007 und über den Lokationskoeffizienten die Spezialisierung der Reviere. Dieser Koeffizient vergleicht die regionalen Beschäftigtenanteile einer Branche mit dem gesamtdeutschen Durchschnitt: Ein Wert von 2 bedeutet also, dass der regionale Beschäftigtenanteil doppelt so hoch ist wie der gesamtdeutsche.

In allen Revieren sind es Dienstleistungsbranchen, die die Beschäftigungsentwicklung positiv prägen. In der Lausitz hat sich auch das Verarbeitende Gewerbe als beschäftigungsstärkster Wirtschaftsabschnitt positiv entwickelt. Relevanter sind allerdings das Gesundheits- und Sozialwesen sowie Verkehr und Lagerei. Entgegengesetzt ist die Entwicklung im Bergbau (B), obwohl dies der Wirtschaftsabschnitt mit der stärksten Spezialisierung in allen Revieren ist. Hier ist der Beschäftigtenanteil, wenngleich immer noch gering, fast acht Mal so hoch wie im gesamtdeutschen Durchschnitt. Die Lausitz definiert sich selbst zwar immer wieder als Energieregion und hat im Bereich Energieversorgung (D) auch einen fast doppelt so großen Beschäftigtenanteil wie Deutschland insgesamt, dennoch hat sich die Beschäftigung in dieser Branche zwar positiv, aber deutlich unterdurchschnittlich entwickelt. Auffällig ist im Mitteldeutschen und im Lausitzer Revier zudem die zahlenmäßig sehr negative Entwicklung im Bereich Erziehung und Unterricht (P). Dies spiegelt vor allem den Abbau von Lehrkräften im Bereich der beruflichen Bildung bis 2015 wider. Zwischen 2007 und 2010 sind die Schulabgängerzahlen in Ostdeutschland aufgrund des Nachwendegeburtenknicks rapide zurückgegangen, sodass in den Folgejahren im Ausbildungssystem deutlich weniger Jugendliche zu beschulen waren als in den vorangegangenen Jahren (vgl. Seibert und Wesling 2012). In den letzten Jahren gab es vor allem bei den Kindergärten, aber auch bei den Grundschulen und im Hochschulbereich wieder Zuwächse, die die Gesamtverluste im Bereich Erziehung und Unterricht jedoch nicht ausgleichen konnten.

Im Mitteldeutschen Revier gibt es deutlich stärkere „Zugpferde" für die Beschäftigung, hier sind es neben den in der Lausitz genannten Dienstleistungsbereichen auch die freiberuflichen, wissenschaftlichen und technischen Dienstleistungen (M) und die sonstigen wirtschaftlichen Dienstleistungen (N) – alle mit über 40 Prozent Beschäftigungswachstum seit 2007. Trotz der rasanten Entwicklung der Automobilwirtschaft im Leipziger Raum blieb die Entwicklung im Verarbeitenden Gewerbe leicht unterdurchschnittlich, aber mit über 16 Prozent hoch.

Dieselben Dienstleistungsbranchen wie im Mitteldeutschen Revier sind auch im Rheinischen Revier die Treiber der Entwicklung. Das stärkste Beschäftigungswachstum hat aber das Revier zu verzeichnen, in dem der Ausstieg aus der Braunkohle bereits vollzogen ist: Im Helmstedter Revier gab es 2020 fast über 28 Prozent mehr Beschäftigte als 2007. Damals spielte die Braunkohle allerdings bereits keine wesentliche

◂ **Abb. 3.8:** Beschäftigungsentwicklung von 2007–2020 und Spezialisierung (Lokationskoeffizient) in den Revieren 2020, jeweils im Juni. Anmerkung: Die Größe der Kreise entspricht den Beschäftigungsanteilen. Ein Lokationskoeffizient von 2 bedeutet, dass der regionale Beschäftigtenanteil doppelt so hoch ist wie der gesamtdeutsche. Zahlen in Klammern: Platzierung unter den zehn größten Branchen im jeweiligen Revier (Quelle: Beschäftigungsstatistik der Bundesagentur für Arbeit).

Rolle mehr (Lokationskoeffizient: 1,08). Auch in dieser Region war nicht die Branche mit der höchsten Spezialisierung, nämlich das Verarbeitende Gewerbe, der wichtigste Wachstumsmotor, sondern die freiberuflichen, wissenschaftlichen und technischen Dienstleistungen (M), deren Beschäftigungszahlen sich mehr als verdoppelt haben.

3.3 Die Belegschaften in der Braunkohle – Fachkräftepotenzial von morgen?

3.3.1 Schrumpfendes Erwerbspersonenpotenzial – insbesondere im Osten

Das niedrigere Wachstum der Beschäftigtenzahlen in den ostdeutschen Revieren ist vor allem der demografischen Entwicklung geschuldet. Schon seit Jahren ist die Zahl der Personen, die den Arbeitsmarkt in Richtung Ruhestand verlassen, deutlich größer als die der Schulabgangskohorten (vgl. Fuchs et al. 2020). Diese Entwicklung wird sich fortsetzen. So beziffert das Bundesinstitut für Bau-, Stadt- und Raumforschung in seiner Raumordnungsprognose gerade für die ostdeutschen Regionen bis 2035 (gegenüber 2012) zum Teil hohe zweistellige Verluste beim Erwerbspersonenpotenzial (vgl. Abb. 3.9). In der Lausitz wird das Potenzial bis 2035 um etwa 35 Prozent zurückgehen. Im Mitteldeutschen Revier ist die Entwicklung deutlich heterogener. In der Raumordnungsregion Westsachsen mit Leipzig wird lediglich ein Minus von gut 15 Prozent erwartet, für die Raumordnungsregion Anhalt-Bitterfeld-Wittenberg dagegen ein Rückgang von über 40 Prozent. Aber auch in Westdeutschland ist das Erwerbspersonenpotenzial rückläufig. In der Raumordnungsregion Braunschweig (Helmstedter Revier) an der Grenze zu Sachsen-Anhalt rechnet man bis 2035 mit einem Minus von gut 13 Prozent. Weniger stark rückläufig ist die prognostizierte Entwicklung in den Raumordnungsregionen Aachen (–3,2 Prozent), Köln (–4,2 Prozent) und Düsseldorf (–8,0 Prozent). Folglich droht gerade den ostdeutschen Revieren langfristig ein drastischer Fachkräftemangel, der sich bereits seit einigen Jahren bemerkbar macht und zunehmend verschärft (vgl. Marjenko et al. 2021).

Im folgenden Kapitel gehen wir daher der Frage nach, ob die heutigen Kohlebeschäftigten als Fachkräftepotenzial von morgen in Frage kommen. Dazu analysieren wir diese nach verschiedenen soziodemografischen sowie beruflichen Merkmalen.

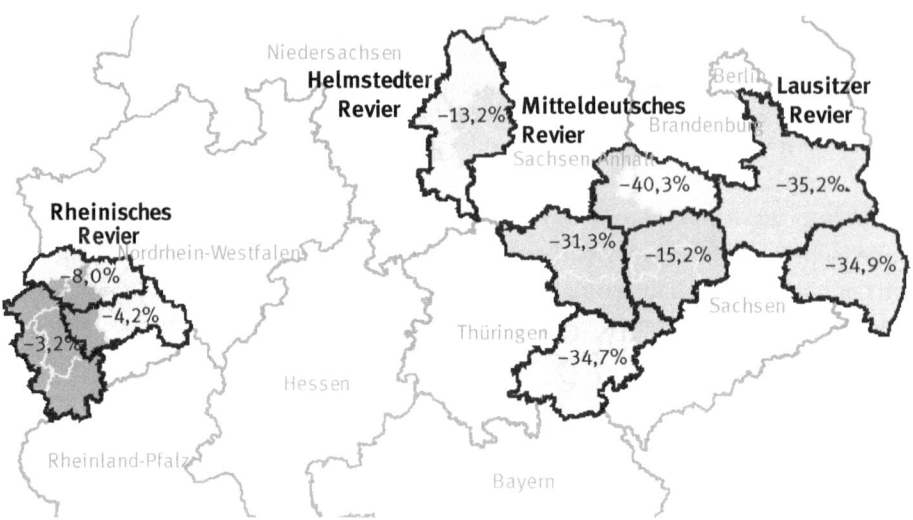

Abb. 3.9: Erwartete Entwicklung des Erwerbspersonenpotenzials bis 2035 (gegenüber 2012) in den die Braunkohlereviere umfassenden Raumordnungsregionen (Quelle: Schlöner et al. 2015).

3.3.2 Struktur der Braunkohlebeschäftigten

Im Folgenden untersuchen wir die Beschäftigten in der Braunkohlewirtschaft im Hinblick auf ihr mögliches zukünftiges Fachkräftepotenzial für die Regionen nach den Merkmalen Alter, Anforderungsniveau der ausgeübten Tätigkeit, Beruf und den erzielten Lohn. Das Helmstedter Revier schließen wir aus diesen Betrachtungen aus, weil die verbliebenen etwa 200 Kohlebeschäftigten zahlenmäßig kaum eine Rolle spielen und überwiegend in Bergbaudienstleistungen tätig sind, die vermutlich noch längere Zeit für die Gestaltung und Bewirtschaftung der Bergbaufolgelandschaften gebraucht werden.

Betrachtet man die Altersstruktur der Beschäftigten in der Braunkohlewirtschaft (siehe Abb. 3.10), fällt insbesondere das Rheinische Revier durch seinen hohen Altersdurchschnitt auf. Über 70 Prozent der dortigen Kohlebeschäftigten sind 45 Jahre und älter. Die Gruppe der Beschäftigten ab 55 Jahren macht 44 Prozent der Kohlebeschäftigten aus. Die Altersstruktur der Gesamtbeschäftigung ist deutlich jünger: nämlich nur 47 Prozent ab 45 Jahren bzw. 22 Prozent ab 55 Jahren. Das deutet darauf hin, dass bereits über viele Jahre kaum jüngere Arbeitnehmer/-innen in der Kohlewirtschaft eingestellt wurden und die Belegschaft so sukzessive immer älter geworden ist. Der zeitig beginnende Kohleausstieg (vgl. Abb. 3.1) löst hier möglicherweise ein gravierendes Personalproblem der Unternehmen.

Auch im Mitteldeutschen und im Lausitzer Revier finden sich unter den Kohlebeschäftigten deutlich mehr ältere Arbeitnehmer/-innen (ab 55 Jahren) als in der Gesamtbeschäftigung. Auf der anderen Seite fällt der Anteil der Jüngeren bis 24 Jahre in der Kohlewirtschaft etwas höher aus als der in der Gesamtbeschäftigung, während die mittleren Altersgruppen (35 bis 54 Jahren) in der Kohlewirtschaft der ostdeutschen Reviere erkennbar unterrepräsentiert sind. Eine solche Altersverteilung ist typisch für Branchen bzw. Betriebe, in denen über längere Zeit kein Nachwuchs eingestellt wurde, dann aber angesichts der zu erwartenden Verrentungen wieder in größerem Umfang ausgebildet wurde. Da in Ostdeutschland die im Vergleich modernsten Braunkohlekraftwerke stehen, wurden dort offenbar deutlich längere Betriebszeiten als in Westdeutschland erwartet. Folglich musste hier auch noch einmal in den Nachwuchs investiert werden, um den Weiterbetrieb der Kraftwerke bis in die 2030er Jahre sicherzustellen. Die heutige Altersstruktur in der Kohlewirtschaft belegt damit zugleich, dass in den ostdeutschen Revieren nur etwa die Hälfte der heutigen Kohlebeschäftigten im Jahre 2038 noch zum Erwerbspersonenpotenzial zählen dürfte, in den westdeutschen Revieren sogar nur etwa 30 Prozent. Die Kohlewirtschaft steht angesichts dieser Zahlen vor noch größeren demografischen Herausforderungen als die Wirtschaft in den Revieren insgesamt. Möglicherweise wird sie diese Probleme angesichts der begrenzten Beschäftigungsperspektiven auch nur sehr schwer lösen können. Andererseits kann die Kohlewirtschaft mit ihren hohen Löhnen (vgl. Abb. 3.13) durchaus Fachkräfte aus anderen Branchen abwerben.

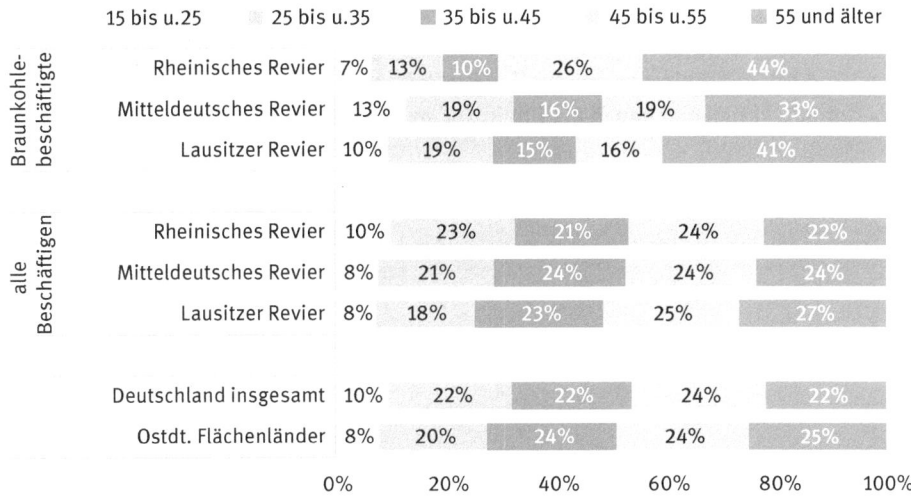

Abb. 3.10: Altersstruktur der Beschäftigten in den Braunkohlerevieren, Juni 2020 (Quelle: Beschäftigungsstatistik der Bundesagentur für Arbeit 2021).

Im Folgenden werfen wir einen Blick auf das Anforderungsniveau der Tätigkeiten der Kohlebeschäftigten und vergleichen es mit dem der Gesamtbeschäftigung in den Revieren. Das Anforderungsniveau spiegelt den Komplexitätsgrad der Tätigkeiten wider, die in den jeweiligen Berufen ausgeübt werden. Es gliedert sich in vier Stufen. *Hel-*

*fer/-innen*tätigkeiten sind einfache, wenig komplexe Tätigkeiten (zum Teil Routinetätigkeiten), für die häufig kein formaler beruflicher Bildungsabschluss oder lediglich eine einjährige (geregelte) Berufsausbildung erforderlich ist. *Fachkraft*tätigkeiten verlangen zumeist fundierte Fachkenntnisse und Fertigkeiten, die üblicherweise, aber nicht zwingend über den Abschluss einer mindestens zweijährigen Berufsausbildung oder vergleichbare Qualifikation erworben werden. *Spezialist(inn)en*tätigkeiten setzen in der Regel Spezialkenntnisse und -fertigkeiten voraus und/oder beinhalten gehobene Fach- und Führungsaufgaben. Die nötigen Kenntnisse werden häufig über eine Meister- oder Technikerausbildung oder einen gleichwertigen Fachschul- oder Hochschulabschluss erlangt. *Expert(inn)en*tätigkeiten entsprechen einem sehr hohen Kenntnis- und Fertigkeitsniveau und beinhalten oft Leitungs- und Führungsaufgaben. Als Qualifikationsvoraussetzung gelten eine mindestens vierjährige Hochschulausbildung, vergleichbare Bildungsabschlüsse oder entsprechende Berufserfahrung (vgl. Bundesagentur für Arbeit 2020, 21 f.).

Vergleicht man das Anforderungsniveau der Tätigkeiten in der Kohlewirtschaft mit dem in der Gesamtwirtschaft der Reviere (vgl. Abb. 3.11), fällt auf, dass der Helferanteil in der Kohlewirtschaft nur zwischen 5 und 6 Prozent beträgt, während er in der Gesamtwirtschaft der Reviere zwischen 14 und 17 Prozent rangiert (deutschlandweit: 15 Prozent). Erneut unterscheiden sich das Rheinische und die beiden ostdeutschen Reviere hier erkennbar. Im Rheinischen Revier sind fast drei Viertel der Kohlebeschäftigten als Fachkräfte tätig, in der Gesamtbeschäftigung hingegen nur 59 Prozent. Entsprechend höher fällt insgesamt der Helferanteil mit 17 Prozent aus. Spezialisten- und Expertentätigkeiten machen in der Rheinischen Kohlewirtschaft 14 bzw. 9 Prozent aus,

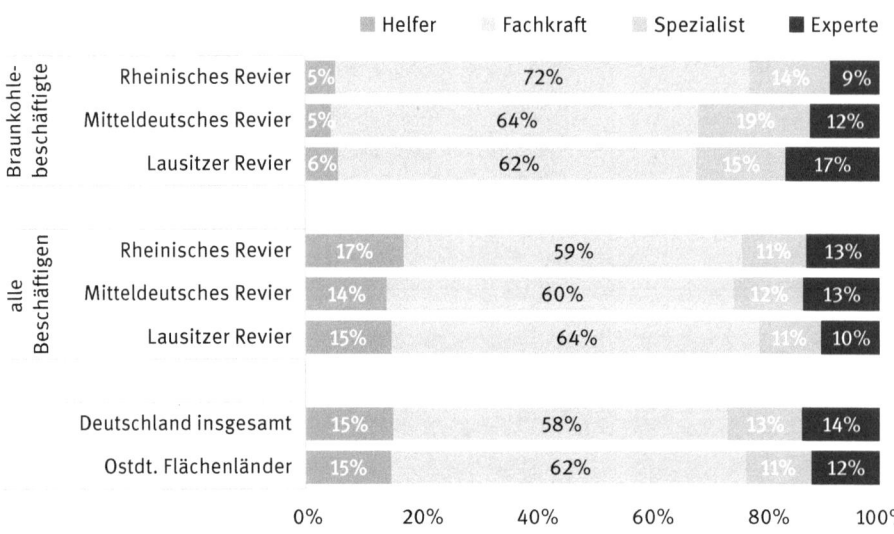

Abb. 3.11: Anforderungsniveau der Tätigkeiten der Beschäftigten, Juni 2020 (Quelle: Beschäftigungsstatistik der Bundesagentur für Arbeit).

im Revier insgesamt 11 und 13 Prozent. Im Mitteldeutschen und im Lausitzer Revier sind bei ebenfalls niedrigen Helferanteilen nur knapp zwei Drittel der Kohlebeschäftigten als Fachkräfte tätig. Dafür fällt der Anteil der Spezialisten und Experten unter den ostdeutschen Kohlebeschäftigten mit zusammen jeweils über 30 Prozent einerseits deutlich höher aus – sowohl im Vergleich zur Gesamtbeschäftigung in den beiden ostdeutschen Revieren als auch gegenüber den Kohlebeschäftigten im Rheinischen Revier. Hier dürfte also ein hohes Potenzial mit Blick auf zukünftige Fachkräfteengpässe bestehen.

Betrachtet man neben dem Anforderungsniveau die konkrete berufliche Tätigkeiten, denen die Kohlebeschäftigten nachgehen (vgl. Abb. 3.12), steht zwar an erster Stelle mit fast 2.600 Beschäftigten im Juni 2020 die Fachkraft im Berg- und Tagebau (Berufskennziffer: 21112), dennoch bilden weitere originäre Berg- und Tagebauberufe (grün markiert) die Minderheit. Auf diese entfallen nur gut 4.200 der insgesamt über 20.000 Beschäftigten im Kohlesektor. Vielmehr dominieren Maschinenbau-, Energie- und Elektroberufe. Auch kaufmännische und Büroberufe sowie Lokführer sind unter den 15 häufigsten Berufen in der Kohlewirtschaft zu finden. Auf der rechten Seite zeigt Abb. 3.12, wie stark die Beschäftigten eines Berufes sich auf die Kohlewirtschaft konzentrieren. Dies ist bei den meisten Kohleberufen der Fall, aber auch bei den Fachkräften in der Energie- und Kraftwerkstechnik. Unter den übrigen Top-15-Berufen sind hingegen 72 bis 99 Prozent der Beschäftigten außerhalb der Kohlewirtschaft beschäftigt.

Bei der großen Mehrzahl der Berufe, die heute im Braunkohlebereich zu finden sind, dürfte es also auch nach dem Ende der Braunkohleverstromung eine Nachfrage

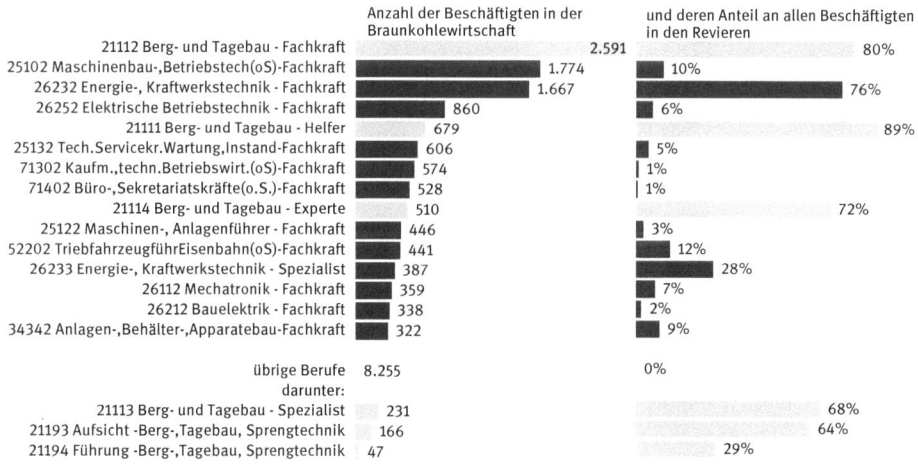

Abb. 3.12: Beschäftigte in der Braunkohlewirtschaft und deren Anteil an allen Beschäftigten in den Revieren nach Berufen, Juni 2020 (Quelle: Beschäftigungsstatistik der Bundesagentur für Arbeit 2021).

auf dem Arbeitsmarkt geben. Aber auch typische Kernkompetenzen der eigentlichen Kohleberufe sind in anderen Berufsfeldern verwertbar. Dabei handelt es sich um:
- Abbau, Gewinnung (Bergbau),
- Maschinenführung, Anlagenführung, -bedienung,
- Wartung, Reparatur, Instandhaltung,
- Strecken-, Stollenausbau,
- Fördertechnik,
- Transport- und Lagertechnik,
- Schachtbau,
- Vortrieb (Bergbau, Stollenbau),
- Sprengtechnik (vgl. Institut für Arbeitsmarkt- und Berufsforschung 2020).

Insofern kann von guten Übernahmechancen von Kohlebeschäftigten in andere Wirtschaftszweige ausgegangen werden. Zumindest in Sachsen besteht die Chance, dass sich der Bergbau auch in anderen Regionen neu entwickelt. Hier finden umfangreiche Erkundungen zu Erzlagerstätten statt.

Was jedoch einem Wechsel in andere Wirtschaftszweige entgegenstehen könnte, ist der enorme Lohnabstand zwischen der Braunkohlewirtschaft und anderen Wirt-

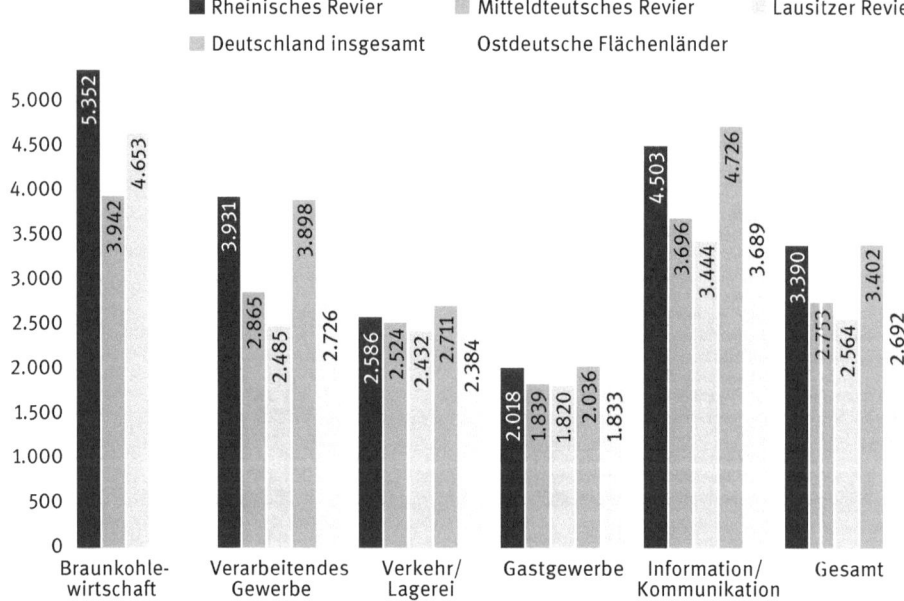

Abb. 3.13: Monatliches Bruttomedianentgelt (Vollzeit, sozialversicherungspflichtig) in den Braunkohlerevieren in ausgewählten Wirtschaftszweigen, in Euro, Dezember 2019. Anmerkung: Medianlöhne für Kohlebeschäftigte in Deutschland und den ostdeutschen Flächenländern werden nicht ausgewiesen, da sie außerhalb der Reviere keine Beschäftigten des Braunkohlenbergbaus enthalten (Quelle: Beschäftigungsstatistik der Bundesagentur für Arbeit 2021).

schaftszweigen. Im Verarbeitenden Gewerbe liegen die Vollzeit-Löhne im Mitteldeutschen und Rheinischen Revier knapp 30 Prozent niedriger, im Lausitzer Revier betragen sie sogar fast nur die Hälfte. Zu Wirtschaftszeigen im Dienstleistungsbereich ist der Lohnabstand nochmals zum Teil deutlich höher (vgl. Abb. 3.13). Sofern es angesichts der demografischen Lage und der mit dem Kohlekompromiss ausgehandelten Anpassungsgeldzahlungen für die vorzeitig ausscheidenden Braunkohlebeschäftigten überhaupt zu betriebsbedingten Kündigungen kommt, wird es für die Betroffenen schwierig, vergleichbare Löhne zu erzielen, insbesondere in Ostdeutschland.

3.4 Indirekte und induzierte Beschäftigungseffekte

Auch wenn die direkt Beschäftigten in der Braunkohlewirtschaft – also im Tagebau und in der Energieerzeugung – wie oben gezeigt nur einen kleinen und zudem über die Jahre abnehmenden Anteil an allen Beschäftigten ausmachen, hat der Braunkohlesektor indirekte und induzierte Beschäftigungseffekte auf andere Wirtschaftsbereiche innerhalb und außerhalb der Reviere. Dies wurde in der Vergangenheit mit Hilfe von Input-Output-Analysen untersucht (vgl. z. B. Buttermann und Baten 2011; Hobohm et al. 2011; Kluge et al. 2014a,b sowie Markwardt und Zundel 2017). Solche indirekten und induzierten Beschäftigungswirkungen

> entstehen zum einen durch die wirtschaftliche Verflechtung der Unternehmen über die Nachfrage nach Vorleistungs- und Investitionsgütern, zum anderen durch die Verwendung der Löhne und Gehälter der Braunkohlebeschäftigten für Konsumzwecke. (Frondel et al. 2018, 39)

Insbesondere aus den Vorleistungsbezügen der Braunkohleindustrie profitieren dabei indirekt die Wirtschaftszweige Baugewerbe, Handel, Reparaturdienstleistungen, Maschinen- und Fahrzeugbau sowie Herstellung von elektrotechnischen Geräten. Hinzu kommen die induzierten Beschäftigungswirkungen, welche aus Konsumausgaben der Braunkohlebeschäftigten und jener Beschäftigten in den vorgelagerten Wirtschaftszweigen resultieren (vgl. Hobohm et al. 2011, 20).

Das Leibniz-Institut für Wirtschaftsforschung (RWI) hat aufbauend auf Buttermann und Baten (2011) sowie auf der Grundlage von Plausibilitätsannahmen, basierend auf Literaturangaben, Informationen der Braunkohleunternehmen und der Berücksichtigung veränderter Strukturen, diese Berechnungen auf das Jahr 2016 übertragen (vgl. Frondel et al. 2018, 39). Diesen Berechnungen zufolge ergibt sich in den Braunkohleregionen ein Multiplikatoreffekt von 1,6 auf die damals knapp 22.000 direkt Beschäftigten. Darüber hinaus ergeben sich aus der Braunkohlewirtschaft heraus aber auch Beschäftigungseffekte, die außerhalb der Reviere wirken – und zwar mit einem berechneten Multiplikator von 2,8. Beschäftigungseffekte innerhalb der Reviere sind dabei miteingeschlossen. Basierend auf diesen Multiplikatoren wären 2016 bezogen auf alle Braunkohlereviere ca. 35.200 Beschäftigte (22.000 Braunkohlebeschäftigte × 1,6) und bundesweit ca. 61.600 Beschäftigte (22.000 × 2,8) von der Braunkohle direkt, indirekt oder induziert abhängig gewesen (vgl. Frondel et al. 2018, 39 ff.). Übertragen auf die 2020er Beschäftigungszahlen wären dies unter der Annahme unveränderter Bedingungen bei inzwischen nur noch gut 20.000 direkt Beschäftigten in der Braunkohlewirtschaft ca. 32.000 Beschäftigung innerhalb der Reviere und 56.000 bundesweit. Im Abschlussbericht der Kohlekommission heißt es dazu: „Insgesamt ist daher von rund 60.000 Arbeitsplätzen auszugehen, die im Zusammenhang mit der Braunkohlewirtschaft stehen" (BMWI 2019, 52).

Über die unmittelbar beschäftigungswirksamen Zulieferer- und Abnehmerbeziehungen der Braunkohlewirtschaft zu anderen Wirtschaftszweigen liegen uns keine Daten vor. Naheliegend ist allerdings die Relevanz der Kohlewirtschaft für energieintensive Industrien. Als energieintensiv gelten Branchen des Verarbeitenden Gewerbes, wenn der Anteil der Energiekosten an den Gesamtproduktionskosten mindestens drei Prozent beträgt. Kombiniert man die verfügbaren Informationen des Statistischen Bundesamtes zur Kostenstruktur (vgl. Anhang, Tab. 3.3) mit den Beschäftigungsdaten, so ergibt sich für das Lausitzer und Rheinische Revier tatsächlich eine besonde-

Tab. 3.1: Beschäftigung und Spezialisierung im Juni 2020 sowie Beschäftigungsentwicklung Juni 2007–Juni 2020 in ausgewählten Wirtschaftszweigen in den Braunkohlerevieren (Quelle: Beschäftigungsstatistik der Bundesagentur für Arbeit 2021).

Wirtschaftszweige[a]	Sozialversicherungspflichtig Beschäftigte 2020		Lokationskoeffizient 2020	Beschäftigungsentwicklung 2007–2020 in %
Rheinisches Revier				
Alle Wirtschaftszweige	832.016	100,0 %	1,00	25,1
Produzierendes Gewerbe	212.020	25,5 %	0,91	6,3
Dienstleistungssektor	613.385	73,7 %	1,04	33,3
Energieintensive Industrien	58.330	7,0 %	1,40	2,4
Braunkohlewirtschaft	8.903	1,1 %	3,79	−11,9
Mitteldeutsches Revier				
Alle Wirtschaftszweige	776.518	100,0 %	1,00	20,2
Produzierendes Gewerbe	186.147	24,0 %	0,85	10,7
Dienstleistungssektor	580.741	74,8 %	1,05	24,4
Energieintensive Industrien	39.928	5,1 %	1,03	3,2
Braunkohlewirtschaft	3.330	0,4 %	1,52	−18,9
Lausitzer Revier				
Alle Wirtschaftszweige	416.102	100,0 %	1,00	11,6
Produzierendes Gewerbe	127.821	30,7 %	1,09	8,8
Dienstleistungssektor	279.214	67,1 %	0,95	13,7
Energieintensive Industrien	28.501	6,8 %	1,37	1,5
Braunkohlewirtschaft	7.887	1,9 %	6,71	−17,1

[a] Anmerkung: Teilweise überlappende Branchenabgrenzungen.

re Relevanz der energieintensiven Industrien mit etwa 40 Prozent mehr Beschäftigten als anteilsmäßig in Deutschland insgesamt (Lokationskoeffizient: 1,37 bzw. 1,40) (vgl. Tab. 3.1). Insgesamt sind 5 bis 7 Prozent der Beschäftigten der Reviere in den energieintensiven Industrien tätig. Darin ist auch ein Großteil der Kohlebeschäftigten eingeschlossen, denn die Kohlenwirtschaft gehört selbst zu den energieintensivsten Branchen. Betrachtet man die Beschäftigungsentwicklung seit 2007, so lässt sich ein geringeres Wachstum für die energieintensiven Industrien feststellen als für das Produzierende Gewerbe. In allen Revieren sind Branchen des Dienstleistungsbereiches die Wachstumsmotoren für die Beschäftigung.

3.5 Fazit

Die ca. 20.000 direkt im Braunkohlenbergbau, in den Bergbaudienstleistungen und der Energieerzeugung Beschäftigten der aktiven Reviere machen etwa ein Prozent der dortigen Beschäftigten aus, aber nur 0,06 Prozent der sozialversicherungspflichtig Beschäftigten in Deutschland insgesamt. Dabei ging ihre Zahl seit 2007 um fast 20 Prozent zurück. Für die Identität und die Wertschöpfung in den Revieren spielt die Kohlewirtschaft eine weit bedeutendere Rolle, aber auch für Umweltverschmutzung und Landschaftszerstörung. Im vorliegenden Beitrag widmeten wir uns der Frage, welche sozialpolitischen Herausforderungen mit einem raschen Kohleausstieg verbunden sein können.

Die meisten Kohlebeschäftigten haben mindestens einen Facharbeiterabschluss und schon deshalb sehr gute Beschäftigungschancen in vielen Teilen der Wirtschaft. Viele üben Berufe aus, die in den Revieren auch außerhalb der Kohlebranche zahlreich vertreten sind. Aber auch die konkreten Tätigkeitsprofile der etwa 4.500 Beschäftigten in den expliziten Berg- und Tagebauberufen dürften in anderen Berufsfeldern gut nachgefragt sein. Der einzige, aber aus Sicht der Betroffenen natürlich sehr schwerwiegende, Nachteil einer Beschäftigung außerhalb der Kohlewirtschaft liegt in den dort deutlich niedrigeren Löhnen. Die Gewerkschaftsforderung, Kohlejobs eins zu eins zu ersetzen, bevor sie wegfallen, wird sich mit marktwirtschaftlichen Instrumenten nicht realisieren lassen.

Für die Mehrheit der heutigen Kohlebeschäftigen wird sich die Frage nach einem beruflichen Wechsel nicht stellen. Wenn sie zum Zeitpunkt der Beendigung des Arbeitsverhältnisses mindestens 58 Jahre alt sind, haben sie Anspruch auf das im Kohleausstiegsgesetz vereinbarte Anpassungsgeld. Dies wird angesichts der Altersstruktur der Kohlebeschäftigten die Regel sein. Anspruch hierauf haben zum 30.09.2019 Beschäftigte in Braunkohleanlagen und -tagebauen, aber auch in Tochter- oder Partnerunternehmen, die mindestens 80 Prozent des Jahresumsatzes 2019 in einer spezifischen Tätigkeit um den Braunkohletagebau erwirtschafteten.

Zumindest in Ostdeutschland fällt der Kohleausstieg mit einem starken Rückgang des Erwerbspersonenpotenzials zusammen. Hier wären Lohnausgleichszahlungen sicherlich eine bessere Möglichkeit gewesen, um das freiwerdende Fachkräftepotenzial für die Region zu erhalten. Nach den aktuellen Regelungen werden dann freigesetzte Kohlebeschäftigte entweder dem Arbeitsmarkt entzogen (wenn sie für das Anpassungsgeld in Frage kommen) oder sie müssen sich in andere Hochlohnregionen Deutschlands orientieren, wenn sie ihr Einkommensniveau beibehalten wollen.

Angesichts der zahlenmäßig geringen Bedeutung der Kohlebeschäftigung, des geplanten langen Zeitrahmens des Kohleausstiegs und der – zumindest in Ostdeutschland – dramatischen demografischen Entwicklung wird der Kohleausstieg in keinem der Reviere zu einem Strukturbruch wie 1990 in Ostdeutschland führen. Die Herausforderungen, die sich für die Reviere stellen, werden weniger mit arbeitslosen Kohlebeschäftigten als vielmehr mit dem Verlust von Wertschöpfung und dem Wegfall einer bisher sehr preiswerten Energiequelle für andere Wirtschaftsbereiche, z. B. die Chemische, die Baustoff- oder die Nahrungsmittelindustrie, zu tun haben. Den ökologischen und digitalen Strukturwandel in den Regionen zu fördern, und nicht zu bremsen, wäre darum der wichtigste Beitrag für eine sozial nachhaltige Entwicklung in den Revieren.

3.6 Literaturverzeichnis

Beschäftigungsstatistik der Bundesagentur für Arbeit. 2021. „Bundesagentur für Arbeit. Statistik". https://statistik.arbeitsagentur.de (letzter Aufruf: 10.06.2021).

Bischoff, Ursula. 2000. Der Einfluss der bergbaulichen Traditionen und großindustriellen Entwicklungen auf das soziale Gefüge und die Mobilität der Braunkohlenarbeiterschaft von Borna, Dissertation zur Erlangung des akademischen Grades doctor philosophiae (Dr. phil.) an der Philosophischen Fakultät III der Humboldt-Universität zu Berlin.

Bundesagentur für Arbeit. 2020. Klassifikation der Berufe 2010 – überarbeitete Fassung 2020. Band 1: Systematischer und alphabetischer Teil mit Erläuterungen. Nürnberg: Bundesagentur für Arbeit.

Bundesministerium für Umwelt, Naturschutz und nukleare Sicherheit (BMU). 2021. „Rede von Bundesumweltministerin Svenja Schulze auf der Tagesspiegel-Konferenz debate.energy" www.bmu.de/rede/9529/ (letzter Aufruf: 01.06.2021).

Bundesministerium für Wirtschaft und Energie (BMWI). 2019. Abschlussbericht Kommission: Wachstum, Strukturwandel und Beschäftigung. Berlin: Bundesministerium für Wirtschaft und Energie.

Buttermann, Hans Georg; Baten, Tina. 2011. Die Rolle der Braunkohlenindustrie für die Produktion und Beschäftigung in Deutschland. Studie im Auftrag der DEBRIV, Energie und Umwelt Analysen 61. Münster und Berlin: EEFA.

Frondel, Manuel; Budde, Rüdiger; Dehio, Jochen; Janßen-Timmen, Ronald; Rothgang, Michael; Schmidt, Torsten. 2018. Erarbeitung aktueller vergleichender Strukturdaten für die deutschen Braunkohleregionen. Projektbericht für das Bundesministerium für Wirtschaft und Energie (BMWI), RWI, Projektnummer: I C 4 – 25/17, Endbericht. Essen: RWI – Leibniz-Institut für Wirtschaftsforschung.

Fuchs, Johann; Kropp, Per; Matthes, Britta. 2020. „Die fehlende Generation: Ostdeutschland steht vor einer massiven demografischen Herausforderung (Serie ‚Arbeitsmärkte aus regionaler Perspektive')". www.iab-forum.de/die-fehlende-generation-ostdeutschland-steht-vor-einer-massiven-demografischen-herausforderung/ (letzter Aufruf: 01.06.2021).

Literaturverzeichnis — 51

Hobohm, Jens; Koepp, Marcus; Krampe, Leonard; Mellahn, Stefan; Peter, Frank; Sakowski, Fabian. 2011. Bedeutung der Braunkohle in Ostdeutschland. Studie der Prognos AG im Auftrag für Vattenfall Europe AG. Berlin: Prognos AG.

Icha, Petra; Kuhs, Gunter. 2020. Entwicklung der spezifischen Kohlendioxid-Emissionen des deutschen Strommix in den Jahren 1990 – 2019. CLIMATE CHANGE 13/2020. Dessau-Roßlau: Umweltbundesamt.

Institut für Arbeitsmarkt- und Berufsforschung. 2020. „IAB Job-Futuromat. Werden digitale Technologien Ihren Job verändern?" https://job-futuromat.iab.de (letzter Aufruf: 01.06.2021).

Kluge, Jan; Lehmann, Robert; Ragnitz, Joachim; Rösel, Felix. 2014a. „Industrie- und Wirtschaftsregion Lausitz: Bestandaufnahme und Perspektiven". www.ifo.de/DocDL/ifo_Dresden_Studien_71.pdf (letzter Aufruf: 01.06.2021).

Kluge, Jan; Lehmann, Robert; Rösel, Felix. 2014b. Mehr als nur Kohle? Die Wirtschafts- und Industrieregion Lausitz – Teil 1: Branchen- und Unternehmensstruktur. In: ifo Dresden berichtet, Jg. 21, H. 2, S. 6–14.

Kropp, Per; Sujata, Uwe; Weyh, Antje; Fritzsche, Birgit. 2019. Kurzstudie zur Beschäftigungsstruktur im Mitteldeutschen Revier. IAB-Regional. Berichte und Analysen aus dem Regionalen Forschungsnetz. IAB Sachsen, 01/2019. Nürnberg: Institut für Arbeitsmarkt- und Berufsforschung.

Marjenko, Artem; Müller, Martin; Sauer, Stefan. 2021. Das KfW-ifo-Fachkräftebarometer – Jedes fünfte deutsche Unternehmen wird derzeit durch Fachkräftemangel beeinträchtigt. In: ifo Schnelldienst, Jg. 74, H. 4, S. 57–59.

Markwardt, Gunther; Zundel, Stefan. 2017. Strukturwandel in der Lausitz – Eine wissenschaftliche Zwischenbilanz. In: ifo Dresden berichtet, Jg. 24, H. 3, S. 17–22.

Matthes, Felix Chr.; Hermann, Hauke; Mendelevitch, Roman. 2020. Die wirtschaftliche Situation der Braunkohle-Verstromung in Deutschland. Eine Analyse historischer Trends bis zum Juni 2020. Berlin: Öko-Institut e. V.

Roth, Duncan; Kropp, Per; Sujata, Uwe. 2020. Die Braunkohlebranchen des Rheinischen Reviers und der Tagebaukreise. IAB-Regional. Berichte und Analysen aus dem Regionalen Forschungsnetz. IAB Nordrhein-Westfalen, 02/2020. Nürnberg: Institut für Arbeitsmarkt- und Berufsforschung.

Schlöner, Claus; Bucher, Hansjörg; Hoymann, Jana. 2015. Die Raumordnungsprognose 2035 nach dem Zensus. BBSR-Analysen KOMPAKT 05/2015. Berlin: Bundesinstitut für Bau-, Stadt- und Raumforschung.

Seibert, Holger; Weyh, Antje; Jost, Oskar; Sujata, Uwe; Wiethölter, Doris; Carstensen, Jeanette. 2018. Die Lausitz. Eine Region im Wandel. IAB-Regional. Berichte und Analysen aus dem Regionalen Forschungsnetz. IAB Berlin-Brandenburg, 03/2018. Nürnberg: Institut für Arbeitsmarkt- und Berufsforschung.

Seibert, Holger; Wesling, Mirko (2012): Demografische Veränderungen in Ostdeutschland: Jugendliche finden immer öfter eine Lehrstelle vor Ort. IAB-Kurzbericht, 16/2012. Nürnberg: Institut für Arbeitsmarkt- und Berufsforschung.

Statistik der Kohlenwirtschaft. 2019. „Statistik der Kohlenwirtschaft e. V." https://kohlenstatistik.de/ (letzter Aufruf: 10.06.2021).

Statistisches Bundesamt. 2019. Tabelle 42251-0004: Kostenstruktur der Unternehmen im Verarbeitenden Gewerbe: Deutschland, Jahre, Wirtschaftszweige (2-/3-/4-Steller).

3.7 Anhang

Tab. 3.2: Die regionale Zusammensetzung der Braunkohlereviere nach Kreisen (Quelle: BMWI 2019, 10).

Rheinisches Revier	05116 Mönchengladbach, Stadt 05162 Rhein-Kreis Neuss 05334 Städteregion Aachen 05358 Düren 05362 Rhein-Erft-Kreis 05366 Euskirchen 05370 Heinsberg	**Helmstedter Revier**	03101 Braunschweig, Stadt 03154 Helmstedt 03158 Wolfenbüttel 03103 Wolfsburg, Stadt
Mitteldeutsches Revier	14713 Leipzig, Stadt 14729 Leipzig 14730 Nordsachsen 15002 Halle (Saale), Stadt 15082 Anhalt-Bitterfeld 15084 Burgenlandkreis 15087 Mansfeld-Südharz 15088 Saalekreis 16077 Altenburger Land	**Lausitzer Revier**	12052 Cottbus, Stadt 12061 Dahme-Spreewald 12062 Elbe-Elster 12066 Oberspreewald-Lausitz 12071 Spree-Neiße 14625 Bautzen 14626 Görlitz

Tab. 3.3: Abgrenzung der energieintensiven Industrien 2019 (Quelle: Statistisches Bundesamt 2019).

WZ08	Verarbeitendes Gewerbe (nach der Klassifikation der Wirtschaftszweige, Ausgabe 2008)	Energieverbrauch (Anteil am BPW)	WZ08	Verarbeitendes Gewerbe (nach der Klassifikation der Wirtschaftszweige, Ausgabe 2008)	Energieverbrauch (Anteil am BPW)
2011	Herstellung von Industriegasen	25,8	2312	Veredlung und Bearbeitung von Flachglas	4,5
2311	Herstellung von Flachglas	12,6	2399	H. v. sonst.Erzeugn.aus nichtmetall.Mineralien ang	4,5
2352	Herstellung von Kalk und gebranntem Gips	12,2	2453	Leichtmetallgießereien	4,4
235	Herstellung von Zement, Kalk und gebranntem Gips	12,1	1395	H. v. Vliesstoff u. Erzeugn. daraus (oh.Bekleidung)	4,3
2351	Herstellung von Zement	12	211	Herstellung von pharmazeutischen Grundstoffen	4,3

Tab. 3.3: (Fortsetzung)

WZ08	Verarbeitendes Gewerbe (nach der Klassifikation der Wirtschaftszweige, Ausgabe 2008)	Energie-verbrauch (Anteil am BPW)	WZ08	Verarbeitendes Gewerbe (nach der Klassifikation der Wirtschaftszweige, Ausgabe 2008)	Energie-verbrauch (Anteil am BPW)
0811	Gew. von Natursteinen, Kalk-u. Gipsstein, Kreide usw	10,7	2442	Erzeugung und erste Bearb. von Aluminium	4,3
2332	Herstellung von Ziegeln und sonstiger Baukeramik	10,6	1621	H. v. Furnier-, Sperrh.-, Holzfaserpl.- u. -spanpl.	4,1
233	Herstellung von keramischen Baumaterialien	10,2	237	Be- u. Verarb. v. Naturwerk- u. Natursteinen a.n.g.	4,1
05	Kohlenbergbau	9,2	239	H. v. sonst. Erzeugn. aus nichtmetall. Mineralien	4,1
2331	H. v. keramischen Wand- u. Bodenfliesen/.-platten	9,1	2014	H. v. sonst. organ. Grundstoffen u. Chemikalien	3,9
081	Gewinnung v. Naturstein,Kies,Sand,Ton u. Kaolin	9	2016	Herstellung von Kunststoffen in Primärformen	3,9
2313	Herstellung von Hohlglas	8,8	2452	Stahlgießereien	3,9
08	Gewinnung v. Steinen u. Erden, sonstiger Bergbau	8,3	1811	Drucken von Zeitungen	3,7
1081	Herstellung von Zucker	8,3	20	Herstellung von chemischen Erzeugnissen	3,7
2017	H. v. synthetischem Kautschuk in Primärformen	8,1	2592	H. v. Verpackungen und Verschlüssen aus Metall	3,7
0812	Gewinnung von Kies, Sand, Ton und Kaolin	7,9	1071	Herstellung von Backwaren (ohne Dauerbackwaren)	3,6
1712	Herstellung von Papier, Karton und Pappe	7,8	1622	Herstellung von Parketttafeln	3,6
2362	Herstellung von Gipserzeugnissen für den Bau	7,8	1711	Herstellung von Holz- und Zellstoff	3,6
206	Herstellung von Chemiefasern	7,7	1722	H. v. Haushalts- u. Hygieneartikeln a. Zellstoff usw	3,6

Tab. 3.3: (Fortsetzung)

WZ08	Verarbeitendes Gewerbe (nach der Klassifikation der Wirtschaftszweige, Ausgabe 2008)	Energieverbrauch (Anteil am BPW)	WZ08	Verarbeitendes Gewerbe (nach der Klassifikation der Wirtschaftszweige, Ausgabe 2008)	Energieverbrauch (Anteil am BPW)
171	H. v. Holz- u. Zellstoff, Papier, Karton u. Pappe	7,5	2445	Erzeugung und erste Bearb. von sonst. NE-Metallen	3,5
241	Erzeugung v. Roheisen, Stahl u. Ferrolegierungen	7,5	107	Herstellung von Back- und Teigwaren	3,4
2015	H. v. Düngemitteln und Stickstoffverbindungen	7,1	2443	Erzeugung und erste Bearb. von Blei, Zink u. Zinn	3,4
2013	H. v. sonst. anorgan. Grundstoffen u. Chemikalien	6,5	106	Mahl- u. Schälmühlen, H. v. Stärke u. Stärkeerzeugn.	3,3
231	Herstellung von Glas und Glaswaren	6,5	131	Spinnstoffaufbereitung und Spinnerei	3,3
2451	Eisengießereien	6,5	2319	H., Veredlg. u. Bearb. v. sonst. Glas, techn. Glaswaren	3,3
2314	Herstellung von Glasfasern und Waren daraus	6,2	2341	H. v. keram. Haushaltswaren u. Ziergegenständen	3,3
1106	Herstellung von Malz	5,6	256	Oberfl.veredl., Wärmebehandlg, Mechanik ang	3,3
23	H. v. Glas, -waren, Keramik, Verarb. v. Stein.u. Erden	5,4	132	Weberei	3,2
2349	Herstellung v. sonst. keramischen Erzeugnissen	5,2	161	Säge-, Hobel- und Holzimprägnierwerke	3,2
2561	Oberflächenveredlung und Wärmebehandlung	5,2	234	H. v. sonst. Porzellan- u. keramischen Erzeugnissen	3,2
1062	Herstellung von Stärke und Stärkeerzeugnissen	5,1	2344	H. v. keram. Erzeugnissen f. sonst. techn. Zwecke	3,2
133	Veredlung von Textilien und Bekleidung	5,1	2363	Herstellung von Frischbeton (Transportbeton)	3,2

Tab. 3.3: (Fortsetzung)

WZ08	Verarbeitendes Gewerbe (nach der Klassifikation der Wirtschaftszweige, Ausgabe 2008)	Energieverbrauch (Anteil am BPW)	WZ08	Verarbeitendes Gewerbe (nach der Klassifikation der Wirtschaftszweige, Ausgabe 2008)	Energieverbrauch (Anteil am BPW)
2012	Herstellung von Farbstoffen und Pigmenten	5,1	1073	Herstellung von Teigwaren	3,1
245	Gießereien	5,1	1814	Binden v. Druckerzeugn. u. damit verb. Dienstleistg.	3,1
089	Sonst. Bergbau, Gewinnung v. Stein. u. Erden a.n.g.	5	2222	H. v. Verpackungsmitteln aus Kunststoffen	3
1629	H. v. Holzwaren a.n.g., Kork-, Flecht- u. Korbwaren	4,8	232	H. v. feuerfesten keram. Werkstoffen und Waren	3
1031	Kartoffelverarbeitung	4,7	2432	Herstellung von Kaltband unter 600 mm Breite	3
17	Herstellung von Papier, Pappe und Waren daraus	4,7			
201	Herstellung von chemischen Grundstoffen u. a.	4,7			
24	Metallerzeugung und -bearbeitung	4,7			

Andreas Hartung, Max-Christopher Krapp und Martin Vaché
4 Lokale Mietpreissteigerungen in Frankfurt am Main und damit einhergehende sozialräumliche Wandlungsprozesse

4.1 Einleitung

Die Wohnungsmärkte in deutschen Ballungsräumen sind seit mehreren Jahren von zunehmender Marktanspannung geprägt. Das gilt unter anderem für das Rhein-Main-Gebiet. Die Stadt Frankfurt am Main ist als attraktiver Wirtschaftsstandort durch die aktuellen starken Zuwanderungsgewinne unter anderem aus dem Ausland in dieser Hinsicht besonders betroffen. Allein zwischen 2007 und 2017 ist die Bevölkerungszahl in Frankfurt am Main um 14,5 Prozent, von 652.021 auf 746.878 gemeldete Einwohner, gestiegen.[1] Auch die Anzahl der Wohnungen ist in dieser Zeit mit 12,4 Prozent stark gewachsen, die Nachfrage konnte dadurch allerdings nur bedingt befriedigt werden, da die Haushaltszahlen einer noch stärkeren Dynamik unterlagen. Hinsichtlich der Marktmietpreisentwicklung wurde über diesen Zeitraum eine divergierende Dynamik innerhalb Frankfurts festgestellt (vgl. Held et al. 2014). Demnach konzentrierte sich die unbefriedigte Wohnungsnachfrage auf bestimmte zentrale hochpreisige Wohnlagen, während periphere Gemeindeteile deutlich geringere Preiswachstumsraten bei gleichzeitig unterdurchschnittlichem Mietpreisniveau aufwiesen. Dies dürfte jedoch in erster Linie ein temporärer Effekt sein, denn bei anhaltender oder zunehmender Wohnungsknappheit ist auch in diesen Gebieten eine nachholende Preissteigerung zu erwarten (vgl. Vaché 2020). Man kann erwarten, dass die bisher preisgünstigeren zentrumsnahen Stadtgebiete von einer solchen Entwicklung in erster Linie betroffen sein werden. Regionen wie Frankfurt verfügen über einen hohen Anteil an jüngeren und damit traditionell „stadtaffineren" Alterskohorten, die als Berufseinsteiger und zu Ausbildungszwecken zuziehen. Diese zahlungskräftige Nachfragegruppe hat vor allem Präferenzen für zentral gelegene, verdichtete, gemischt genutzte Stadtteile mit einer hohen (subjektiven) Aufenthaltsqualität und zielgruppenaffinen Versorgungseinrichtungen (vgl. Vaché 2016).

Die räumliche Dimension der Wohnkostenentwicklung wurde in Frankfurt bereits auf der Ebene der Stadtteile erfasst (vgl. Mösgen/Schipper 2017; Vaché 2016). Diese Vorgehensweise ist durchaus legitim, da insbesondere aus der Perspektive der politischen Entscheidungsträger ein Vergleich auf administrativer Ebene, die auch mit den Zuständigkeiten zusammenfällt, als besonders relevant erscheint (vgl. Hillmert

---

[1] Vgl. Strukturdatenatlas Frankfurt 2019.

https://doi.org/10.1515/9783110701678-004

et al. 2017). Des Weiteren spiegelt sie die Organisationsstruktur der verwendeten Wohnungsmarktdaten wider. Allerdings kann nicht davon ausgegangen werden, dass die Angebots- und Nachfrageentwicklungen, die der Mietpreisformierung zugrunde liegen, entlang der administrativen Grenzen verlaufen. Dabei bietet sich insbesondere in Frankfurt eine gute Möglichkeit, Mietpreisentwicklung räumlich exakt zu beschreiben. Denn die Stadt verfügt über einen qualifizierten Mietspiegel, dessen Datengrundlage in den dafür gesetzlich vorgeschriebenen Abständen aktualisiert wird. Diese Daten erhalten nicht nur sehr valide Angaben zu den Mietpreisen bei Neuverträgen, sondern auch Informationen über die Lokalität der befragten Haushalte und ihrer Wohnungen. Aufbauend auf den Datensätzen aus den Jahren 2007 und 2017 kann im Rahmen der vorliegenden Untersuchung die Entwicklung der Mietpreise bei Neuverträgen für diesen Zeitraum räumlich genau abgebildet werden.[2] Auf Basis dieser Analysen kann die These geprüft werden, dass in Frankfurt am Main ein Übergreifen der verstärkten Wohnungsnachfrage vom Zentrum der Stadt in die anliegenden Gebiete erfolgt.

Das Phänomen, wonach vor allem zentral gelegene Stadtviertel einen nachfrage- oder angebotsseitig getriebenen Aufwertungsprozess erfahren, der mit einer sozialstrukturellen Wandlung beziehungsweise Verdrängung einhergeht, wird mit dem Begriff der Gentrifizierung beschrieben (vgl. Hamnett 1991). Nach aktuellem Forschungsstand ist jedoch unklar, ob dies eher durch eine veränderte Nachfrage durch zahlungskräftige Haushalte oder angebotsseitig durch Neubau- und Modernisierungsaktivitäten verursacht wird. Eine Forschungstradition betont die Rolle nachfrageseitigen Wandels und den steigenden Nachfragedruck, der durch sogenannte „Pioniere" mit hohem kulturellem Kapital initiiert wird und sukzessiv auch besserverdienende Haushalte anzieht (vgl. Ley 1980). Der sogenannte „Rent-Gap"-Ansatz akzentuiert dagegen die Rolle der Angebotsseite im Sinne von Immobilieninvestoren, die eine steigende Nachfrage nach hochwertigem Wohnraum antizipieren und diese durch Investitionen in die innerstädtische Aufwertung bedienen wollen (vgl. Smith 1979). Beide Erklärungsansätze prognostizieren steigende Wohnungspreise in den betroffenen Stadtgebieten, was ihre ex-post Prüfung erschwert. Ein dritter Ansatz betont dagegen das Zusammenspiel beider Faktoren (vgl. Hamnett 1991; Helbrecht 1996). Ebenfalls zu den zentralen Aspekten der Gentrifizierung gehört die Verschiebung in der sozioökonomischen Komposition der Bevölkerung der betroffenen Stadtgebiete, die zumindest teilweise auf die Verdrängung der wenig gut situierten Bevölkerungsgruppen zurückzuführen ist (vgl. Freeman 2005; Glass 1964; Marcuse 1986). Aufgrund der spezifischen Migrationshistorie (Stichpunkt Arbeitsmigration) fällt in Deutschland dieser Umstand auch mit der Verschiebung in der ethnischen Komposition zugunsten der Deutschen ohne Migrationshintergrund zusammen (vgl. Schipper/Latocha 2018).

---

2 Das Institut Wohnen und Umwelt war mit der Erstellung der beiden Mietspiegel beauftragt. Dank der entsprechenden Einwilligung durch die Befragten sowie der Unterstützung durch die Stadt Frankfurt ist eine Auswertung der Mietspiegeldatensätze zu Forschungszwecken möglich.

Für Frankfurt liegen bereits Untersuchungen zu den Gentrifizierungsprozessen vor (vgl. Mösgen et al. 2019; Mösgen/Schipper 2017; Schipper/Latocha 2018). Wir möchten zu dieser Diskussion beitragen, indem wir der Frage nach räumlichen Mustern der innerstädtischen Mietpreisentwicklung nachgehen und auf Basis der Mietspiegeldaten Indizien für die drei Aspekte der Gentrifizierung (Zuzug, Neubau, Verdrängung) ableiten.

Der Beitrag ist folgendermaßen aufgebaut: Zunächst wird die räumliche Ausgangslage kurz skizziert, um die stadtspezifischen Besonderheiten als Hintergrund für die Interpretation der beobachteten Phänomene zu beleuchten. Im nächsten Kapitel folgt eine Darstellung der Datenbasis inklusive der erhebungstechnischen Eigenschaften von Mietspiegeldatensätzen. Danach werden das Konzept für die Erfassung der lokalen Mietpreissteigerungen erläutert und empirische Befunde präsentiert. Anschließend werden die Daten der Mietspiegel mit den sozioökonomischen Aggregatdaten der Frankfurter Stadtteile verknüpft, um die Entwicklung der Bewohnerstruktur unter Berücksichtigung der spezifischen Mietpreisentwicklungen der letzten Jahre zu analysieren. Abschließend werden die Gesamtergebnisse und ihre Aussagekraft diskutiert.

4.2 Räumliche Ausgangslage

Frankfurt am Main besitzt eine weitgehend monozentrische Siedlungsstruktur, die auf eine schrittweise administrative Ausweitung des Stadtgebietes im 19. und 20. Jahrhundert um den historischen Stadtkern herum zurückzuführen ist. Dabei konnten die peripheren Stadtteile, die um städtisch überformte dörfliche Siedlungskerne entstanden sind, kein Gegengewicht zum Stadtzentrum ausbilden, zumal sich das Siedlungsgebiet durch den Flusskorridor des Maines sowie verkehrliche Infrastrukturanlagen hochgradig fragmentiert präsentiert. Erst die Eingemeindung des Stadtteils Höchst[3] und die dadurch erreichte Ausdehnung des Stadtgebiets nach Westen stellt einen Bruch mit der monozentrischen Stadtstruktur dar.

Diese monozentrische Ausrichtung ist prinzipiell auch an den unterschiedlichen Mietpreisniveaus im Stadtgebiet ablesbar. Neben qualitativen Strukturunterschieden der Wohnungsbestände drücken die kleinräumigen lagebedingten Mietpreisdifferenzen dabei vor allem Unterschiede in der sozialräumlichen Wertzuschreibung einzelner Wohnlagen aus, die auf die sozialen und baulichen Entwicklungen der Stadtgeschichte zurückgeführt werden können (vgl. Köhler 1995). Innerhalb des Erweiterungsgebiets des ausgehenden 19. Jahrhunderts, das nördlich des Maines vom Alleenring begrenzt wird, wird in den Stadtteilen Westend-Süd, Westend-Nord und Nordend-Ost aufgrund ihrer hochgradig homogenen stadtstrukturellen Natur und

---
3 Vgl. Anhang, Abb. 4.4.

ihrer sozialräumlichen Wertzuschreibung in der Regel das höchste Mietpreisniveau beobachtet. In den preislich darunter angesiedelten Stadtteilen ähnlicher Zentralität (Bornheim, Bockenheim, Ostend und Sachsenhausen) ist dagegen eine höhere Heterogenität der Mietpreisniveaus zu beobachten, die unterschiedliche bauliche Strukturen, soziale Milieus und lokal verstärkt auftretende Verkehrslärmbelastungen reflektieren. Dabei erlebt gerade das Ostend bereits seit dem Beginn der 2000er Jahre eine starke Phase der Aufwertung. Unter den gegebenen sozialstrukturellen Rahmenbedingungen dieses Wandlungsprozesses können die Veränderungen in diesem Stadtteil als Musterbeispiel für Gentrifizierungstendenzen in Frankfurt herangezogen werden (vgl. Mösgen/Schipper 2017). Ein anderes prominentes Beispiel ist der Stadtteil Gallus. Das zentral gelegene ehemalige Arbeiterviertel ist seit etwa 2010 durch umfangreiche Neubautätigkeiten im hochpreisigen Segment geprägt, nachdem das Gelände des ehemaligen Güterbahnhofs und weitere Industriebrachen zur Bebauung freigegeben wurden (vgl. Schipper/Wiegand 2015).

Sozioökonomische und siedlungsstrukturelle Unterschiede prägen auch die Mietpreise innerhalb der angrenzenden äußeren Stadtteile. Hier ist eine erste Ausdifferenzierung zwischen den eher niedrigpreisigen, industriell geprägten Standorten entlang der Mainschiene (Fechenheim, Griesheim, Nied, Schwanheim, Höchst) und den im Norden und Osten der Stadt gelegenen Stadtteilen wie Bergen-Enkheim, Seckbach, Berkersheim, Harheim, Kalbach, Nieder-Eschbach und Nieder-Erlenbach erkennbar, die ihren dörflichen Charakter bis heute in Teilen bewahren konnten. Auch in den Randlagen ist im weiteren Fortgang der Stadtentwicklung eine kleinräumige Ausdifferenzierung des Mietpreisgefüges erkennbar, das sich auf Stadtteilebene kaum hinreichend abbilden lässt.

4.3 Der Frankfurter Mietspiegeldatensatz

Unseren empirischen Analysen liegen Daten zugrunde, die im Rahmen der Erstellung des qualifizierten Mietspiegels (§ 558d BGB) für die Stadt Frankfurt am Main in den Jahren 2007 (Mietspiegel 2008/2010) und 2017 (Mietspiegel 2018/2020) erhoben wurden. Qualifizierte Mietspiegel stellen empirisch fundierte Übersichten über die sogenannte „ortsübliche Vergleichsmiete" dar. Die ortsübliche Vergleichsmiete bezieht sich dabei auf Wohnungen gleicher Art, Lage, Größe, Ausstattung und Beschaffenheit inklusive der energetischen Ausstattung und Beschaffenheit. Qualifizierte Mietspiegel differenzieren entsprechend nach diesen Kriterien aus, soweit der Preiseinfluss statistisch nachgewiesen werden kann. Die Frankfurter Daten basieren auf einer von einem Marktforschungsinstitut durchgeführten, Interviewer-basierten Hauptbefragung von Mieterhaushalten und einer ergänzenden schriftlich-postalischen Befragung der entsprechenden Vermieter. In der Hauptbefragung wurden Informationen zum Mietverhältnis, zur Wohnung sowie zu bestimmten Mieter- und Vermietermerkmalen in Face-to-Face-Interviews abgefragt.

Es ist zu beachten, dass die ortsübliche Vergleichsmiete ein mietrechtliches Konstrukt ist, das die Zusammensetzung des Datensatzes prägt. Erstens beinhaltet der Datensatz nur gewöhnliche Wohnraummietverhältnisse. Wohnraum zum vorübergehenden Gebrauch (Ferienwohnungen), Wohnheime und gewerblich genutzter Wohnraum wurde im Rahmen der Erhebung ausgesondert. Gemäß der gesetzlichen Grundlage werden zweitens die Neuvertrags- und angepassten Bestandsmieten der letzten vier Jahre (ab 2019 sind gesetzlich die letzten sechs Jahre vorgegeben) berücksichtigt. Ältere Bestandsmieten fließen nicht in den Mietspiegeldatensatz ein. Im Rahmen der vorliegenden Analyse werden die Fälle mit angepassten Bestandsmieten ausselektiert, um bei der Gegenüberstellung der beiden Datensätze von 2007 und 2017 das jeweils aktuelle Marktniveau zu beschreiben. Drittens fließen nur Wohnungen ein, deren Miethöhe nicht durch Gesetz oder im Zusammenhang mit einer Förderzusage festgelegt worden sind. Mieten von geförderten Wohnungen (sogenannte Sozialwohnungen) sind im Datensatz entsprechend nicht enthalten. Viertens werden Wohnungen, von denen ausgegangen werden kann, dass diese für den Mietpreis besonders relevante Merkmale ausweisen, die jedoch nur in geringer Fallzahl im Datensatz enthalten sind (möblierter Wohnraum, Untermietverhältnisse, Penthouse-Wohnungen, freistehende Einfamilienhäuser, Wohnungen mit sehr kleiner oder sehr großer Wohnfläche usw.), sowie sonstige außerordentliche Mietverhältnisse (zum Beispiel Wohnraum in sonstigen Heimen, Anstalten, Studentenverbindungen; Wohnraum, bei dem die Mietzahlung Serviceleistungen des Vermieters mit abdeckt) ausgeschlossen. Der für die vorliegende Analyse verwendete Datensatz umfasst für 2007 971 Fälle und für 2017 1.494 Fälle. Das arithmetische Mittel für die Nettomiete liegt bei diesen Fällen bei 8,11 Euro (2007) beziehungsweise bei 10,21 Euro (2017) pro Quadratmeter.

Für eine Analyse der lokalen Mietpreisniveaus und ihrer Entwicklung hat der Frankfurter Mietspiegeldatensatz im Gegensatz zu anderen Datensätzen deutliche Vorteile. Erstens verspricht die aufwendige Erhebung in Form von Face-to-Face-Interviews im Vergleich zu sonstigen Formen der Primärerhebung eine höhere Datenqualität. Zweitens stellt die auf dem Melderegister basierende Stichprobenziehung eine echte Zufallsstichprobe dar und der systematische Bias von Angebotsmietdatenbanken zuungunsten des ehemals gemeinnützigen Wohnungsanbietersegments wird vermieden. Drittens erfolgt durch Schichtung und Gewichtung anhand von Stadtbezirken eine methodische Rücklaufkontrolle, um räumliche Verzerrungen des Rücklaufs auszugleichen. Detaillierte Abfragen zu den Betriebskosten ermöglicht, viertens, eine Standardisierung auf reine Nettomieten. Das geschieht durch die Identifizierung der sogenannten Teilinklusivmieten, bei denen bestimmte Betriebskosten bereits in der Grundmiete enthalten sind und zur Steigerung der Validität bereinigt werden können. Schließlich beinhaltet der Mietspiegeldatensatz georeferenzierte Informationen zur Lage einzelner Wohnungen, sodass fünftens kleinräumige Mietpreisdifferenzen überhaupt analysiert werden können.

4.4 Erfassung der lokalen Mietspreissteigerung

Die Erfassung von lokalen Mietpreissteigerungen kann auf Basis unterschiedlicher Perspektiven oder Analyseebenen erfolgen, wobei insbesondere Auswertungen von Individualdaten (beziehungsweise Wohnungsdaten) und aggregierten Daten zu unterscheiden sind. Aggregation von Einzelangaben bietet den Vorteil, dass ihre teils unüberschaubare Vielzahl in wenigen übersichtlichen Kennwerten zusammengefasst werden kann. Vergleiche auf Aggregatebene sind oft auch die einzige Möglichkeit, die Entwicklung der Mietpreise zu analysieren, wenn die Längsschnittdaten auf Haushalts- beziehungsweise Mieteinheitsebene fehlen. Die Aggregation räumlich bezogener Daten ist allerdings mit mehreren Nachteilen verbunden. Weil in Bezug auf die Mietpreise in den allermeisten Fällen systematische räumliche Muster vorliegen, führt ihre Aggregation unabdingbar zu abnehmender Varianz der gemessenen Werte und somit zu Informationsverlust.[4] Die Entdeckung räumlicher Muster auf einer tieferen Ebene ist dabei definitorisch ausgeschlossen. Möchte man darüber hinaus die Verteilung der Aggregate inhaltlich interpretieren, besteht die Gefahr, dass das Ergebnis der Analyse sich mit dem Grad der Aggregation ändern wird (Clark/Avery, 1976). In der Regionalforschung ist dieser Umstand auch unter dem Begriff „modifiable areal unit problem" (MAUP) bekannt (vgl. Fotheringham/Wong 1991). Im Grunde besagt das MAUP, dass Aggregation raumbezogener Daten notwendigerweise eine Definition von Grenzen voraussetzt, in denen die Einzelangaben zusammengefasst werden sollen. Diese Grenzziehung entspricht jedoch nicht immer der Lokalisierung der Phänomene, die damit erfassen werden sollen.

In dieser Studie haben wir uns für die Perspektive der (punktuellen) Wohnungsstandorte entschieden. Als Basis dienen uns die in den Mietspiegeldatensätzen enthaltenen Angaben zur geografischen Position der entsprechenden Wohnungen. Auf dieser Basis rechnen wir die Wohnungsstandort-spezifischen Mietpreisniveaus für die Jahre 2007 und 2017, indem wir die Methode der „geographically weighted regression" (GWR) verwenden. GWR wurde ursprünglich entwickelt, um die räumliche Nichtstationarität der linearen Regressionsparameter zu berücksichtigen (vgl. Brunsdon et al. 1996). Im Rahmen einer GWR wird nicht ein globales Regressionsmodell berechnet, sondern gesonderte Modelle für jede definierte geografische Position, die im zugrunde liegenden Datensatz enthalten ist. Da an einer geografischen Position nur ein beziehungsweise wenige Fälle vorliegen, werden durch die Gewichtung der übrigen Fälle in Abhängigkeit ihrer Entfernung und ihre Aufnahme in die jeweilige Berechnung die Fallzahl erhöht und so regressionsanalytische Auswertungen ermöglicht. Die Gewichtung erfolgt gemäß dem sogenannten Tobler'schen Gesetz der Geografie, wonach alles prinzipiell wichtig ist, aber nähere Sachen wichtiger sind als die weiter entfernten.[5] In

---

4 Vgl. Arbia 1989.
5 Vgl. Tobler 1970.

der Praxis entspricht diese Anwendung einer Gewichtungsfunktion – in den meisten Fällen einer „Gaußschen Glocke" –, die den Stichprobenelementen mit ihrer wachsenden Entfernung von der betrachteten Position ein kleineres Gewicht zuordnet. Man verwendet GWR in erster Linie, um den räumlich variablen Einfluss von Modellerklärungsfaktoren zu untersuchen. Berechnet man ein GWR-Modell ohne Kovariaten, so erhält man eine Mehrzahl an „Konstanten". In einem globalen linearen Modell ohne Kovariaten repräsentiert die Konstante den mittleren Wert der abhängigen Variablen. In einer GWR erhält man somit einen Satz an lokalen „mittleren" Werten oder die lokalen Grundniveaus der abhängigen Variablen. Für jede Wohnung in unseren Daten haben wir neben ihrer geografischen Position auch die Angabe zu der monatlichen Nettomiete. Somit können wir unter Ansatz einer GWR ein lokales Mietpreisniveau berechnen, das an dem entsprechenden Wohnungsstandort gilt. Es ist wichtig zu betonen, dass das Ergebnis dieser GWR nicht die Nettomiete einer Wohnung, sondern das generelle Mietpreisniveau gemessen an dem Standort dieser Wohnung darstellt.

Für unsere Analysen haben wir die Datensätze der Jahre 2007 und 2017 kombiniert und eine gemeinsame GWR berechnet. Dabei wurde ein zusätzlicher binärer Indikator in das Modell aufgenommen, der den Zeitbezug ausweist. In einem globalen linearen Modell würde der entsprechende Koeffizient für die Veränderung der mittleren Nettomiete zwischen den Jahren 2007 und 2017 stehen. In einer GWR handelt es sich um die Veränderung des lokalen Mietpreisniveaus an dem betrachteten Wohnungsstandort. Das Ergebnis sind somit Pseudo-Längsschnittangaben zu den insgesamt 2.465 Wohnungsstandorten. Die Nettomiete ist bei jeder Wohnung zwar nur einmal im Jahr 2007 oder 2017 erfasst worden, wir können aber auf Basis der kombinierten Angaben für jeden Wohnungsstandort sowohl das lokale Mietpreisniveau für das Jahr 2007 als auch den lokalen Aufschlag bis zum Jahr 2017 schätzen. Daraus lässt sich entsprechend das lokale Mietpreisniveau für das Jahr 2017 berechnen. Für die Gewichtung der Fälle wurde eine Kombination von Gaußschen Funktionen mit unterschiedlichen (adaptiven) Bandbreiten verwendet, die die beste Anpassung an die empirischen Daten im Sinne des Akaike-Informationskriteriums (AIK) ermöglicht (vgl. Charlton et al. 2006). Technische Umsetzung fand mithilfe der Software GWR4 statt.

Die Mietpreisniveaus werden nicht flächenmäßig, sondern punktuell geschätzt. Mit der beschriebenen Methode ergeben sich für das Jahr 2007 lokale Mietpreisniveaus zwischen 7,50 und 10,66 Euro pro Quadratmeter. Die lokalen Mietpreissteigerungen bis zum Jahr 2017 bewegen sich im Bereich von 0,40 bis 4,13 Euro pro Quadratmeter.[6] Das Ausmaß der Mietpreissteigerungen lässt sich jedoch nicht unmittelbar aus dem ursprünglichen Mietpreisniveau ableiten, wie man der Abb. 4.1 entnehmen kann. Leider eignen sich die punktuellen Schätzwerte nicht für eine übersichtliche grafische Dar-

---

6 Da die Haushaltgröße mit der Wohnungsgröße und dem Mietpreis korreliert und über die Wohnungsstandorte hinweg nicht gleichmäßig verteilt ist, wurde ein globaler Term für die Anzahl der Personen im Haushalt in das Modell aufgenommen. Die Angaben gelten somit unter Kontrolle der Haushaltsgröße.

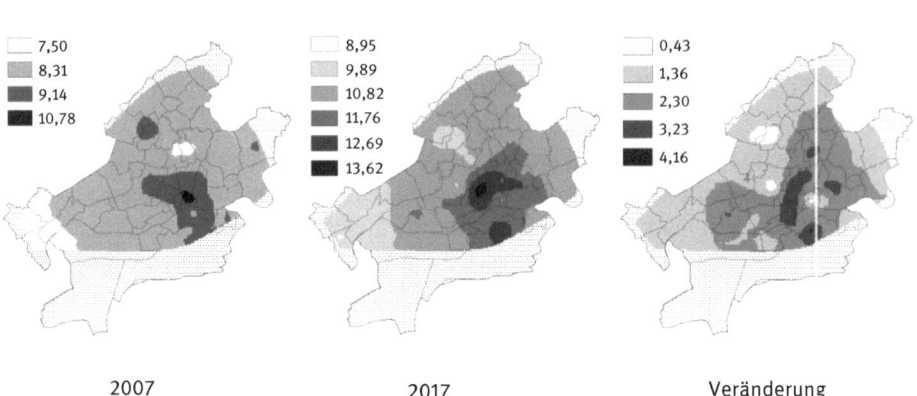

Abb. 4.1: Geschätzte lokale Niveaus der Nettomietpreise bei Neuvermietungen sowie ihre Veränderung in Frankfurt am Main (Quelle: Daten des Mietspiegels Frankfurt am Main 2008 und 2018, eigene Berechnung und Darstellung; Geometrien: Stadt Frankfurt am Main).

stellung. Darüber hinaus empfiehlt sich die Abbildung der Wohnungsstandorte der an den Mietspiegelbefragungen teilgenommenen Haushalte auch aus Datenschutzbedenken nicht. Für eine grafische Darstellung wurden die punktuellen Werte deswegen unter dem Einsatz des unregelmäßigen Dreiecknetz-Algorithmus interpoliert (vgl. Mitas/Mitasova 1999). Technische Umsetzung fand mithilfe der Software QGIS statt. Da die Skalierung der interpolierten Werte explorativ erfolgt, kann die Anzahl der berechneten Kategorien bei den einzelnen Angaben abweichen. Auf der linken Seite der Abb. 4.1 sind die geschätzten und interpolierten Werte des lokalen Niveaus der Nettomietpreise bei Neuvermietungen der Jahre 2007 und 2017 dargestellt. Auf der rechten Seite sieht man die Verteilung der lokalen Steigerung der Nettomietpreise. Diese fällt je nach Lage äußerst unterschiedlich aus. Interessanterweise stiegen die Mieten an der ursprünglich teuersten Lage im Zentrum der Stadt verhältnismäßig schwach. In diesem Bereich scheint das Potenzial für das Preiswachstum vorübergehend ausgeschöpft zu sein. Umso stärker steigen die Mietpreise um das Stadtzentrum, und zwar in zwei „Wellen". Einen besonders starken Preiseinstieg von durchschnittlich über drei Euro pro Quadratmeter gab es in einigen Bereichen der Stadtteile Gutleutviertel, Gallus, Sachsenhausen (Süd), Bahnhofsviertel, Westend (Süd und Nord), Nordend (West), Eckenheim, Bornheim und Ostend. Darüber hinaus gab es auch in den restlichen Bereichen dieser Stadtteile sowie in einigen weiteren Stadtteilen im Westen und Nordosten vom Zentrum der Stadt einen vergleichsweise starken Preisanstieg von durchschnittlich über zwei Euro pro Quadratmeter.

Der ungleichmäßige Preisanstieg führte zu einer gewissen Verschiebung der Mietpreisverhältnisse innerhalb der Stadt; Westend löste nun die Innenstadt und Altstadt als der Stadtteil mit den teuersten Wohnlagen ab. Darüber hinaus wurden einige der ursprünglich teuren Wohnlagen am Rande der Stadt vergleichsweise günstig, während einige günstigere zentrumsnahe Wohnlagen nun zu den teureren zählen, wie zum Beispiel fast der komplette Stadtteil Gallus.

4.5 Lokale Mietspreissteigerung als Indikator für städtische Wandlungsprozesse

Folgendermaßen können wir für jede (erfasste) Wohnung in Frankfurt die Mietpreisentwicklung der letzten Jahre (zwischen 2007 und 2017) an ihrem Standort beschreiben. Die neuen Mietverträge können in Bezug auf diese Information kategorisiert werden und es kann überprüft werden, ob sich dabei gewisse Muster erkennen lassen, die uns etwas über die Begleiterscheinungen dieses Prozesses berichten.

Wir konzentrierten uns nun auf die Haushalte, die an der Mietspiegelbefragung im Jahr 2017 teilgenommen haben. Wie bereits dargelegt, betrachteten wir nur Mietverhältnisse, die nicht früher als in den vier Jahren vor dem Zeitpunkt der Befragung begonnen haben. Wir unterschieden zunächst zwischen den Wohnungsstandorten, die im Vergleich zu 2007 einen unter- beziehungsweise überdurchschnittlichen Mietpreisanstieg zu verzeichnen haben. Räumliche Veränderungen über die Zeit können allerdings nur mit Blick auf das Ausgangsniveau sinnvoll interpretiert werden (vgl. Matthews/Yang 2012). Wir fügten deswegen eine weitere Dimension hinzu und unterschieden zwischen den Wohnungsstandorten, die für 2007 ein unter- beziehungsweise überdurchschnittliches Mietpreisniveau aufwiesen.[7] Somit konnten wir vier Kategorien von Wohnungsstandorten differenzieren: 1) ursprünglich günstige Standorte mit einem leichten Mietpreisanstieg, 2) ursprünglich günstige Standorte mit einem starken Mietpreisanstieg, 3) ursprünglich teure Standorte mit einem leichten Mietpreisanstieg und 4) ursprünglich teure Standorte mit einem starken Mietpreisanstieg.

Tabelle 4.1 beschreibt die betrachteten Wohnungen und die in ihnen lebenden Haushalte unterschieden nach den vier Kategorien ihrer Standorte. Etwa 20 Prozent der Neuzuzüge fanden in die Wohnungen statt, die an einem ursprünglich günstigen Wohnungsstandort liegen, der aber in den letzten Jahren stark aufgewertet wurde. Für diese Kategorie kann der Begriff „neu aufgewertete Wohnungsstandorte" genutzt werden. Hier zahlen die neuen Mieter zwar im Schnitt weniger Miete als diejenigen, die an den Wohnungsstandorten der teuersten Kategorie eingezogen sind (ursprünglich teuer und starke Mietpreissteigerung), die Mieten sind jedoch höher als an übrigen Wohnungsstandorten, auch teilweise an denjenigen, die früher verhältnismäßig teuer waren. Es ist also auch hier eine Verschiebung der Mietpreisniveaus innerhalb der Stadt zu beobachten, die im vorherigen Kapitel grafisch erkennbar gemacht wurde.

---

7 Mittelwert des lokalen Mietpreisniveaus 2007: 8,81 Euro pro Quadratmeter; Mittelwert der Veränderung des lokalen Mietpreisniveaus zwischen 2007 und 2017: 2,21 Euro pro Quadratmeter.

Tab. 4.1: Beschreibung der neuen Mieterhaushalte (Mietvertrag nicht älter als vier Jahre) und ihrer Wohnungen in Frankfurt am Main 2017 nach Wohnungsstandortkategorien, Durchschnittswerte (Quelle: Daten des Mietspiegels Frankfurt am Main 2008 und 2018, eigene Berechnung).

	Günstig 2007/ leichte Teuerung (N = 484)	Günstig 2007/ starke Teuerung (N = 298)	Teuer 2007/ leichte Teuerung (N = 297)	Teuer 2007/ starke Teuerung (N = 415)
Nettomiete	597 €	712 €	624 €	795 €
Wohnfläche	67 m²	67 m²	64 m²	68 m²
Einzug in Neubau	4 %	14 %	6 %	6 %
Monatl. Haushaltseinkommen	4.402 €	5.174 €	4.699 €	5.441 €

Ein vergleichsweise großer Teil der Neuvermietungen an den neu aufgewerteten Wohnungsstandorten fand im Neubau statt. Erschließung neuer Bauflächen und Baulückenschließungen zur Schaffung eines Angebotes im höheren Preissegment auch an zunächst weniger attraktiven Standorten ist einer der wesentlichen Mechanismen der Gentrifizierung (vgl. Adam/Sturm 2014). Dieser Hinweis ließ sich weiter verdichten. Um dies zu tun, spielten wir den vorliegenden Wohnungsstandorten eine Reihe an sozialstrukturellen Indikatoren aus dem Strukturdatenatlas der Stadt Frankfurt am Main zu. Diese Indikatoren sind auf der Ebene der Stadtteile aufbereitet, deren Grenzen nicht ganz die Verteilung der vier Wohnungsstandortgruppen wiedergeben. Somit kam unseren Analysen ein gewisser Teil der räumlichen Präzision abhanden, die durch die Verwendung der georeferenzierten Standorte erreicht wurde. Wir betrachteten den prozentualen Zuwachs im Wohnungsbestand durch den Neubau und die Veränderung der Bevölkerungsdichte je Hektar (Referenz ist jeweils das Jahr 2011, jüngere Angaben liegen nicht vor). Abb. 4.2 zeigt die entsprechenden mittleren Werte für die Wohnungsstandorte getrennt nach den vier definierten Kategorien. Wie sich erkennen lässt, befinden sich die neu aufgewerteten Wohnungsstandorte mit einer viel höheren Wahrscheinlichkeit in einem der Stadtteile, die sich mit durchschnittlich 20 Prozent Bestandszuwachs durch den Neubau (beziehungsweise die Konversion bislang anderweitig genutzter Bauflächen) durch eine rege Bautätigkeit auszeichnen. Als Konsequenz kommt es in diesen Stadtteilen zu einer starken Nachverdichtung; neu aufgewertete Wohnungsstandorte liegen mit einer höheren Wahrscheinlichkeit in einem der Stadtteile, deren Bevölkerungsdichte in den letzten Jahren stark zugenommen hat.

Dabei stellt sich die Frage, ob der Neubau und die Nachverdichtung eine Reaktion auf den bereits vorhandenen lokalen Nachfragedruck sind oder ob die Steigerung des lokalen Mietpreisniveaus hauptsächlich auf die Neubauprojekte zurückzuführen ist. Um das zu überprüfen, berechneten wir die Steigerung der lokalen Mietpreisniveaus zwischen 2007 und 2017 gesondert für die Gebäude der Baujahre 1949–1984. Da es sich dabei um den Wohnungsbestand handelt, der nicht zum attraktiven Altbau gehört und nicht im Rahmen der Neubauprojekte der letzten Zeit entstand, würde das

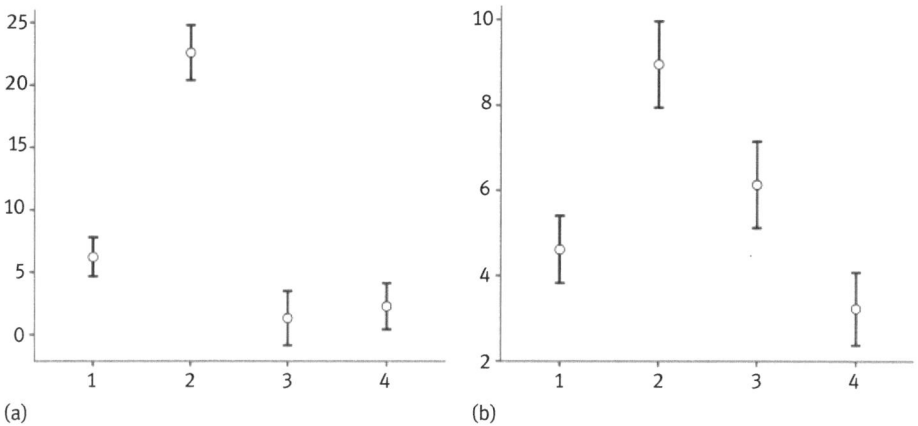

1. Ursprünglich günstiger Standort, leichter Mietpreisanstieg
2. Ursprünglich günstiger Standort, starker Mietpreisanstieg
3. Ursprünglich teurer Standort, leichter Mietpreisanstieg
4. Ursprünglich teurer Standort, starker Mietpreisanstieg

Abb. 4.2: Prozentualer Zuwachs im Wohnungsbestand durch Neubau (a) und mehr Einwohner je Hektar (b) im Stadtteil des Wohnungsstandorts: 2017 verglichen mit 2011; getrennt nach Dynamik der Mietpreisentwicklung; Mittelwerte und 95%-Konfidenzintervalle (Quelle: Daten des Mietspiegels Frankfurt am Main 2008 und 2018, Strukturdatenatlas Frankfurt am Main, eigene Berechnung).

steigende Mietniveau in diesem Fall ein guter Hinweis auf einen gewachsenen allgemeinen Nachfragedruck sein.[8] Stellt man die lokale Mietpreissteigerung bei diesen Wohnungen der gesamten Mietpreissteigerung an den betrachteten Wohnungsstandorten gegenüber, so ergibt sich ein eindeutiger Zusammenhang (Korrelationskoeffizient nach Pearson = 0,75). Betrachtet man die neu aufgewerteten Wohnungsstandorte gesondert, so fällt dieser Zusammenhang allerdings deutlich schwächer aus (Korrelationskoeffizient nach Pearson = 0,57). Die gestiegenen mittleren Mietpreise in diesen Gebieten sind also zu einem großen Teil auf den teuren Neubau zurückzuführen, was zugunsten der „Rent-Gap"-These sprechen würde. Allerdings lässt sich ein durchaus beachtliches Preiswachstum auch im Wohnungsbestand der Baujahre 1949–1984 beobachten, was für eine gewachsene allgemeine Attraktivität dieser Standorte spricht. Dabei kann es sich um einen zirkulären Prozess handeln; eine zunehmende bauliche (und durch die neuen Einwohnergruppen auch soziale) Aufwertung der Wohnungsstandorte macht diese insgesamt attraktiver, was auch zu einer wachsenden Nachfrage und steigenden Preisen im Bestand führt.

Die „Rent-Gap"-These besagt, dass Stadtviertel für Immobilieninvestoren besonders dann für Aufwertungsstrategien interessant werden, wenn die Differenz zwi-

---

[8] Die genaue Grenzziehung bei den Baujahren ergibt sich unter anderem aus der Struktur der verwendeten Daten.

schen der gegenwärtigen und der zukünftigen Verwertung (hier durch die Mieten) steigt (vgl. Schipper/Latocha 2018). Anders ausgedrückt steht das (bisher nicht ausgeschöpfte) Potenzial des realisierbaren Mietpreises im Mittelpunkt. Es ist jedoch grundsätzlich möglich, dass es sich bei dem Neubau der letzten Jahre in Frankfurt allgemein um qualitativ hochwertigere Wohnungen handelt, die allein aus diesem Grund teurer sind. Um das zu prüfen, berechneten wir die Steigerung der lokalen Mietpreisniveaus unter Kontrolle einer Reihe an qualitativen Wohnungsmerkmalen. Das sind Wohnungsgröße in Quadratmetern, das Vorhandensein einer Badewanne, das Vorhandensein eines Balkons, eines Gartens oder einer Terrasse und die Anzahl der Wohnungen im Haus. Die mittlere Veränderung der lokalen Mietpreisniveaus zwischen 2007 und 2017 in diesem Fall ergibt 1,53 Euro pro Quadratmeter, also fast 60 Cent pro Quadratmeter weniger als im Modell ohne Qualitätskontrolle. Das zeigt, dass etwa ein Viertel der Mietpreissteigerung in Frankfurt auf strukturelle Qualitätsverschiebungen im Angebot zurückzuführen ist. Interessanterweise fällt diese Diskrepanz an den Wohnungsstandorten mit einer hohen Preissteigerung (also den Gruppen 4 und 2) mit durchschnittlich 44 Cent pro Quadratmeter in Vergleich zu der durchschnittlichen Preissteigerung von 91 Cent pro Quadratmeter an übrigen Wohnungsstandorten deutlich schwächer aus.

Neben dem regen Neubau und der Nachverdichtung gehört die sich verstärkende „soziale Aufwertung" der Lokalitäten zu den aufgezählten Aspekten ihrer Gentrifizierung. Unabhängig von der kausalen Reihenfolge dieser beiden Aspekte wird schließlich das Abwandern der alteingesessenen Bevölkerung erwartet. Dieser dritte Aspekt, die „soziale Verdrängung", macht im strengen Sinne erst Gentrifizierung aus (vgl. Marcuse 1986). Empirisch weisen die Mieter, die in den letzten vier Jahren (vor 2017) an den neu aufgewerteten Wohnungsstandorten in ihre neuen Wohnungen gezogen sind, in der Tat ein vergleichsweise hohes Einkommensniveau auf. In diesem Punkt stehen sie lediglich den Einwohnern der besonders teuren Standorte nach. Dabei hatten die Mieter an den Wohnungsstandorten, die später verstärkt aufgewertet wurden, (basierend auf den der Daten des Mietspiegels 2008) noch zehn Jahre zuvor tendenziell unterdurchschnittliches Einkommen. Es kann somit behauptet werden, dass neu aufgewertete Wohnungsstandorte zunehmend gutverdienende zahlungskräftige Mieterhaushalte anziehen. Das betrifft auch Zuzüge in die Bestandswohnungen. Um zu prüfen, ob es zu einer sozialen Verschiebung in der Umgebung dieser punktuellen Wohnungsstandorte kommt, konsultierten wir erneut die sozialstrukturellen Indikatoren der Stadt Frankfurt am Main. Wie in der Abb. 4.3a zu erkennen ist, befinden sich die neu aufgewerteten Wohnungsstandorte (Kategorie 2) mit einer höheren Wahrscheinlichkeit in einem Stadtteil Frankfurts, in dem der Einkommensmedian in den letzten Jahren besonders stark gestiegen ist. Der Einstieg fiel nicht signifikant unterschiedlich von dem der besonders teuren Wohnungsstandorte (Kategorie 4) aus. In diesem Sinne zogen an den neu aufgewerteten Wohnungsstandorten in der letzten Zeit genauso gut situierte Haushalte ein wie an „klassischen" teureren Adressen. Zwei weitere Indikatoren, die wir für die Feststellung einer möglichen sozialen Verschiebung

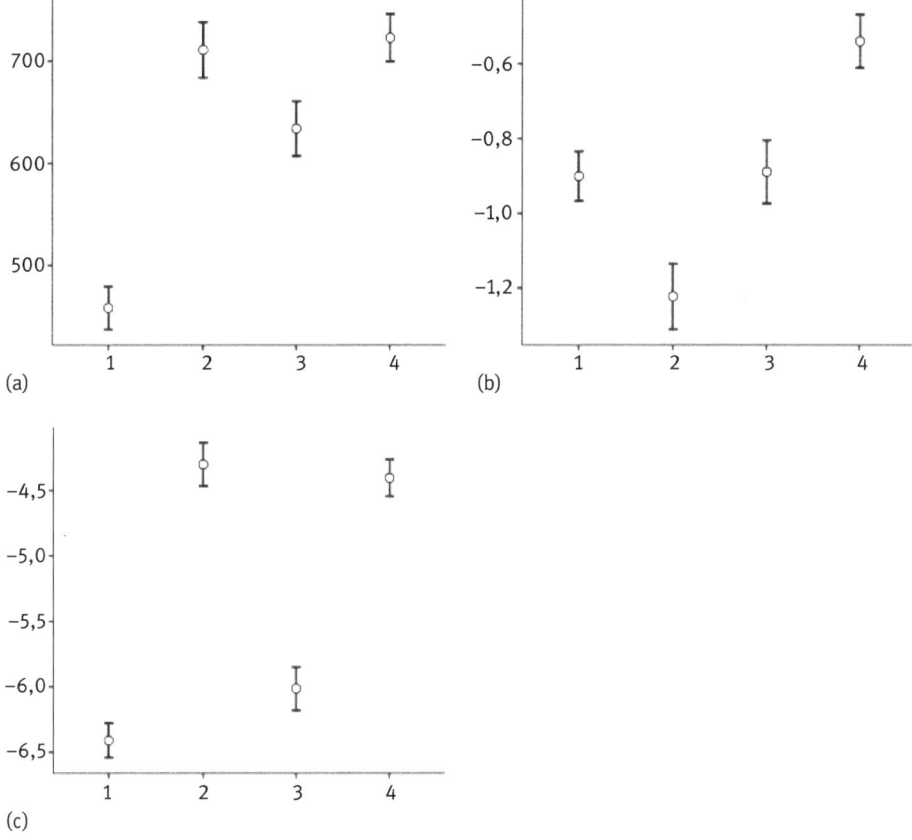

1. Ursprünglich günstiger Standort, leichter Mietpreisanstieg
2. Ursprünglich günstiger Standort, starker Mietpreisanstieg
3. Ursprünglich teurer Standort, leichter Mietpreisanstieg
4. Ursprünglich teurer Standort, starker Mietpreisanstieg

Abb. 4.3: Veränderungen des Einkommensmedians (a), der Arbeitslosenquote (b) und des Anteils der Einwohner ohne Migrationshintergrund (c) im Stadtteil des Wohnungsstandorts: 2017 verglichen mit 2011; getrennt nach Dynamik der Mietpreisentwicklung; Mittelwerte und 95%-Konfidenzintervalle (Quelle: Daten des Mietspiegels Frankfurt am Main 2008 und 2018, Strukturdatenatlas Frankfurt am Main, eigene Berechnung).

heranziehen, sind die Arbeitslosenquote und der Anteil der Einwohner ohne Migrationshintergrund, beziehungsweise die Veränderung dieser Größen. Die Arbeitslosigkeit in Frankfurt ist zwischen 2011 und 2017 um etwa einen Prozentpunkt gesunken, besonders stark jedoch an den neu aufgewerteten Wohnungsstandorten, und zwar von durchschnittlich 5,7 auf 4,4 Prozent. Die schwächste Veränderung gab es an den Standorten der Kategorie vier, wo die Arbeitslosenquote mit 3,5 Prozent jedoch ursprünglich bereits niedrig war. In ganz Frankfurt ist der Anteil der Einwohner ohne Migrationshintergrund zwischen 2011 und 2017 gesunken, insgesamt von 52,6 auf 46,9 Prozent.[9] Dieser Prozess ist an allen Wohnungsstandorten der Stadt zu beobachten, am geringsten fallen die Veränderungen an den Standorten der Kategorien zwei und vier aus. Es handelt sich jedoch insgesamt um relativ kleine Niveauverschiebungen.[10] Damit lassen sich Tendenzen erkennen, dass an den neu aufgewerteten Wohnungsstandorten verglichen mit anderen Bereichen der Stadt besser verdienende Berufstätige ohne Migrationshintergrund einen zunehmend höheren Anteil an der Gesamtbevölkerung ausmachen. Allerdings lässt sich auf Basis der analysierten Daten in Bezug auf andere Merkmale als Einkommen keine umfangreiche soziale Verschiebung innerhalb des Betrachtungszeitraums beobachten.

Zusammenfassend lassen sich aus der Analyse der lokalen Mietpreisniveaus und ihrer Steigerung Aussagen über die Wandlungsprozesse in Frankfurt am Main ableiten. Es ist eine starke preisliche Aufwertung einiger der ursprünglich günstigen zentrumsnahen Wohnungsstandorte zu beobachten. Diese Aufwertung hängt im großen Maße mit der Neubautätigkeit in der Umgebung zusammen, betrifft aber den gesamten Wohnungsbestand. Auch Haushalte, die in die nicht neu gebauten Wohnungen an beliebt gewordenen Standorten einziehen, müssen einen tendenziell höheren Mietpreis in Kauf nehmen.[11] Die neu einziehenden Haushalte an diesen Wohnungsstandorten gehören eher zu Besserverdienenden. Auch auf der Ebene der Stadtteile lässt sich ein steigendes Einkommensniveau um die neu aufgewerteten Wohnungsstandorte beobachten. Eine grundlegende soziale Verschiebung, speziell in Bezug auf die Arbeitslosigkeit und Migrationshintergrund, lässt sich dagegen (noch) nicht erkennen.

4.6 Schluss

Die Entwicklung der Mietpreise in Großstädten hat in der öffentlichen Debatte der letzten Jahre einen großen Stellenwert erlangt. Unsere Analysen machten deutlich, dass die Prozesse, die zur Mietpreissteigerung führen, nicht uniform auf den Wohnungsmarkt einwirken, sondern räumlich differenziert betrachtet werden müssen. Denn die Mietpreisentwicklung ist selbst in einer einzelnen Stadt wie Frankfurt höchst unterschiedlich ausgeprägt. Die festgestellten Muster stehen im Einklang mit früheren Ergebnissen (vgl. Vaché 2016), wonach von den teilweise sehr starken Steigerungen der Neumieten in Frankfurt nicht der gesamte Wohnungsmarkt in gleicher Weise betroffen ist. Vielmehr konzentriert sich die vermehrte Nachfrage auf diejenigen Stadtteile,

---

9 Der Rückgang des Anteils der Bevölkerung ohne Migrationshintergrund geht in ganz Frankfurt hauptsächlich auf Zuzug von EU-Bürgern zurück. Eigene Berechnung auf Basis des Strukturdatenatlas Frankfurt am Main.
10 Weitere Analysen wurden für den Anteil von Sozialleistungsempfänger und Bevölkerungsalter durchgeführt. Auch diesbezüglich wurden keine relevanten Niveauverschiebungen festgestellt.
11 Ob sie dabei in eine modernisierte Wohnung einziehen, wurde an dieser Stelle nicht kontrolliert.

deren (neu entstehende) Wohnungsbestände und Lage Präferenzen derjenigen Bevölkerungsgruppen am ehesten entsprechen, die den Schwerpunkt der gegenwärtigen Zuwanderung in die Großstädte ausmachen, also der jüngeren, wohnkaufkräftigeren Zuwanderer mit Präferenzen für zentral gelegene, verdichtete Stadtteile.

Methodisch erlaubt die Nutzung georeferenzierter Wohnungsmarktdaten auf der Ebene der Wohneinheiten und aus mehreren Erhebungswellen eine präzise Nachzeichnung dieser zeitlich verlaufenden und räumlich begrenzten Prozesse. Den relativ einfachen methodischen Voraussetzungen stehen jedoch hohe Anforderungen an Datenqualität und Datenschutz gegenüber. In diesem Sinne eröffnen sich insbesondere mit Blick auf die Daten der qualifizierten Mietspiegel Möglichkeiten einer erkenntnisreichen Weiterverwendung.

Das angestoßene Thema ist relevant aus der Perspektive der sozialen Nachhaltigkeit, versteht man „nicht bezahlbare Mieten" doch als einen sozialräumlichen Exklusionsmechanismus. Die sozialräumliche Segregation als solche ist ein ständiger Begleiter der Stadtgeschichte (vgl. Häußermann/Siebel 2001). Was an den neuen beziehungsweise als neu empfundenen Prozessen, die unter dem Begriff der Gentrifizierung zusammengefasst werden, jedoch als besonders problematisch empfunden wird, ist der Aspekt der sozialen Verdrängung. Steigende Mieten in zentrumsnahen Stadtbereichen stehen für die Schaffung von dem für die eingesessenen Bevölkerungsgruppen unerschwinglichen Wohnraum, für den Zuzug „anderer", besser situierter Haushalte und schließlich für die Verdrängung und den sozialen Austausch. Wir könnten aufzeigen, dass gewisse Aspekte des Gentrifizierungsprozesses sich in Frankfurt an Main erkennen lassen. Hier findet in der Tat ein Übergreifen der hohen Mietpreise auf ursprünglich günstige zentrumsnahe Stadtbereiche statt, der mit einem regen Neubau- und Nachverdichtungsgeschehen einhergeht. In diesen Bereichen ziehen vermehrt besser verdienende Haushalte in teurere Neubauwohnungen ein. Eine weitreichende soziale Verschiebung auf Stadtteilebene konnte jedoch (noch) nicht festgestellt werden.

Hinsichtlich der Interpretation der Ergebnisse ist jedoch festzuhalten, dass es sich um eine deskriptive Analyse auf Aggregatebene handelt und die Gefahr eines ökologischen Fehlschlusses nicht ausgeschlossenen ist. So haben wir zwar festgestellt, dass der Anteil der Bewohner mit Migrationshintergrund sich nirgendwo in der Stadt wesentlich verändert hat. Wir wissen jedoch nicht, ob es sich um immer noch die gleichen Migranten handelt. Frankfurt ist ein beliebter Arbeitsort für hochqualifizierte gut bezahlte Arbeitskräfte auch aus dem Ausland. Werden eventuell Migrantenhaushalte aus dem alteingesessenen Arbeitermilieu durch deren Zuzug verdrängt, ohne dass es sich auf der Aggregatebene erkennen lässt? Kombinationen mehrerer sozialstrukturellen Indikatoren und eine komplexere Gruppendefinition würden helfen, solche Fragen zu beantworten. Des Weiteren ist ein kleiner werdender Anteil einer bestimmten Bevölkerungsgruppe nicht zwangsläufig ein Hinweis auf eine Verdrängung im Sinne von durch Mietpreiserhöhungen erzwungenem Wegziehen, sondern bedeutet lediglich, dass die ursprüngliche Bevölkerungsgruppe unter den Neuzuziehenden weniger stark vertreten ist. Eine genaue Analyse von Mobilitätsentscheidungen, auch unter dem Einfluss des sich ändernden lokalen Kontextes, bedarf dazu geeigneter längsschnittlicher Haushaltsdaten. Analysen auf Basis der Mietspiegeldaten können dabei wichtige ergänzende Kontextinformationen liefern. Eine solche kombinierte Datenbasis würde es auch (zumindest im Kontext einer Stadt) erlauben, die auf die Nachfrage- und die Angebotsseiten fokussiereden Erklärungsansätze der Gentrifizierung beziehungsweise ihr Zusammenspiel genau zu prüfen.

Vorsicht ist auch geboten, wenn man von der aufgezeigten räumlich und zeitlich begrenzten Entwicklung extrapolieren möchte. So wird bei den Diskussionen um die Mietpreissteigerungen und Gentrifizierung oft die Tatsache vergessen, dass aus einer langfristigen Perspektive gesehen die aktuellen Miet- und Kaufpreisdynamiken in den Städten – zum Beispiel im Vergleich zu der wiedervereinigungsbedingten Hochpreisphase der 1990er Jahre – nicht außergewöhnlich erscheinen (vgl. Vaché 2016; speziell für Frankfurt: vgl. Schipper 2013). Trotz des historisch gesehen nicht außergewöhnlich hohen Ausmaßes der derzeitigen Wohnungsknappheit erscheint der politische Handlungsdruck allerdings groß zu sein. Ob dies auf die verschärfte Problemwahrnehmung, den scharfen Kontrast zur allgemeinen Erwartungshaltung rückläufiger Bevölkerungszahlen und schrumpfender Städte in den 2000er Jahren oder eine größere politische Handlungsmacht der betroffenen Bevölkerungsgruppen zurückzuführen ist, bleibt offen. In bestimmten lokalen Kontexten scheinen diese Sorgen jedoch nicht ganz unbegründet zu sein. In Frankfurt am Main zeigt sich exemplarisch, wie stark sich lokale Mietpreisniveaus in relativ kurzen Zeiträumen ändern können. Auch wenn dies in dem hier untersuchten Zeitraum noch nicht zu beobachten war, kann dies mittelfristig zu einer Veränderung der Bewohnerstruktur und zu einem Verlust preiswerter, weil qualitativ einfacherer Bestandswohnungen in den teuer werdenden Wohnlagen beitragen.

4.7 Literaturverzeichnis

Adam, B./Sturm, G. 2014. „Was bedeutet Gentrifizierung und welche Rolle spielt die Aufwertung städtischer Wohnbedingungen?" *Informationen zur Raumentwicklung*, 2014(4): 267–275.

Arbia, G. 1989. *Spatial Data Configuration in Statistical Analysis of Regional Economic and Related Problems*. Dordrecht: Springer. URL: https://doi.org/10.1007/978-94-009-2395-9 (letzter Aufruf: 27.03.2021).

Brunsdon, C./Fotheringham, A. S./Charlton, M. E. 1996. „Geographically Weighted Regression: A Method for Exploring Spatial Nonstationarity". *Geographical Analysis*, 28(4): 281–298. URL: https://doi.org/10.1111/j.1538-4632.1996.tb00936.x (letzter Aufruf: 27.03.2021).

Charlton, M./Fotheringham, A. S./Brunsdon, C. 2006. *Geographically Weighted Regression* (NCRM Methods Review Papers). Leicester.

Clark, W. A. V./Avery, K. L. 1976. „The Effects of Data Aggregation in Statistical Analysis". *Geographical Analysis*, 8(4): 428–438. URL: https://doi.org/10.1111/j.1538-4632.1976.tb00549.x (letzter Aufruf: 27.03.2021).

Fotheringham, A. S./Wong, D. W. 1991. „The modifiable areal unit problem in multivariate statistical analysis". *Environment and Planning*, *23*(7): 1025–1044. URL: https://doi.org/10.1068/a231025 (letzter Aufruf: 27.03.2021).

Freeman, L. 2005. „Displacement or Succession?" *Urban Affairs Review*, *40*(4): 463–491. URL: https://doi.org/10.1177/1078087404273341 (letzter Aufruf: 27.03.2021).

Glass, R. 1964. *London: Aspects of Change*. London: MacGibbon & Kee.

Hamnett, C. 1991. „The Blind Men and the Elephant: The Explanation of Gentrification". *Transactions of the Institute of British Geographers*, *16*(2): 173. URL: https://doi.org/10.2307/622612 (letzter Aufruf: 27.03.2021).

Häußermann, H./Siebel, W. 2001. „Integration und Segregation: Überlegungen zu einer alten Debatte". *Deutsche Zeitschrift Für Kommunalwissenschaften* (1/2001), 68–79.

Helbrecht, I. 1996. „Die Wiederkehr der Innenstädte. Zur Rolle von Kultur, Kapital und Konsum in der Gentrification". *Geographische Zeitschrift*, *84*(1): 1–15.

Held, T./Nielsen, J./Schürt, A./Waltersbacher, M. 2014. *Aktuelle Mietenentwicklung und ortsübliche Vergleichsmiete: Liegen die erzielbaren Mietpreise mittlerweile deutlich über dem örtlichen Bestandsmietenniveau?* Bundesinstitut für Bau-, Stadt- und Raumforschung. Hintergrundpapier. o.O.

Hillmert, S./Hartung, A./Weßling, K. 2017. „Dealing with Space and Place in Standard Survey Data". *Survey Research Methods*, *11*(3): 267–287. URL: https://doi.org/10.18148/SRM/2017.V11I3.6729 (letzter Aufruf: 27.03.2021).

Köhler, J. R. 1995. „Städtebau und Stadtpolitik im Wilhelminischen Frankfurt: Eine Sozialgeschichte". *Studien zur Frankfurter Geschichte: Vol. 37*. Kramer.

Ley, D. 1980. „Liberal ideology and the postindustrial city". *Annals of the Association of American Geographers*, *70*(2): 238–258. URL: https://doi.org/10.1111/J.1467-8306.1980.TB01310.X (letzter Aufruf: 27.03.2021)

Marcuse, P. 1986. „Gentrification, Abandonment, and Displacement: The linkages in New York City". In *Gentrification of the City*, N. Smith/P. Williams (Hrsg.), 153–177. London: Allen & Unwin.

Matthews, S. A./Yang, T.-C. 2012. „Mapping the results of local statistics: Using geographically weighted regression". *Demographic Research*, *26*: 151–166. URL: https://doi.org/10.4054/DemRes.2012.26.6 (letzter Aufruf: 27.03.2021).

Mitas, L./Mitasova, H. 1999. „Spatial Interpolation". In *Geographical information systems: Principles, techniques, management, and applications*, P. A. Longley/M. F. Goodchild/D. J. Maguire/D. W. Rhind (Hrsg.), 481–492. Hoboken: Wiley.

Mösgen, A./Rosol, M./Schipper, S. 2019. „State-led gentrification in previously ‚un-gentrifiable' areas: Examples from Vancouver/Canada and Frankfurt/Germany". *European Urban and Regional Studies*, *26*(4): 419–433. URL: https://doi.org/10.1177/0969776418763010 (letzter Aufruf: 27.03.2021).

Mösgen, A./Schipper, S. 2017. „Gentrifizierungsprozesse im Frankfurter Ostend. Stadtpolitische Aufwertungsstrategien und Zuzug der Europäischen Zentralbank". *Raumforschung und Raumordnung*, *75*(2): 125–141. URL: https://doi.org/10.1007/s13147-016-0437-0 (letzter Aufruf: 27.03.2021).

Schipper, S. 2013. „Global-City-Formierung, Gentrifizierung und Grundrentenbildung in Frankfurt am Main". *Zeitschrift Für Wirtschaftsgeographie*, *57*(1–2). URL: https://doi.org/10.1515/zfw.2013.0014 (letzter Aufruf: 27.03.2021).

Schipper, S./Latocha, T. 2018. „Wie lässt sich Verdrängung verhindern? Die Rent-Gap-Theorie der Gentrifizierung und ihre Gültigkeitsbedingungen am Beispiel des Frankfurter Gallus". *sub\urban. zeitschrift für kritische stadtforschung*, *6*(1): 51–76. URL: https://doi.org/10.36900/suburban.v6i1.337 (letzter Aufruf: 27.03.2021).

Schipper, S./Wiegand, F. 2015. „Neubau-Gentrifizierung und globale Finanzkrise. Der Stadtteil Gallus in Frankfurt am Main zwischen immobilienwirtschaftlichen Verwertungszyklen, stadtpolitischen Aufwertungsstrategien und sozialer Verdrängung". *Sub\urban. Zeitschrift Für Kritische Stadtforschung*, *3*(3): 7–32. URL: https://doi.org/10.36900/suburban.v3i3.206 (letzter Aufruf: 27.03.2021).

Smith, N. 1979. „Toward a Theory of Gentrification A Back to the City Movement by Capital, not People". *Journal of the American Planning Association*, *45*(4): 538–548. URL: https://doi.org/10.1080/01944367908977002 (letzter Aufruf: 27.03.2021).

Strukturdatenatlas Frankfurt 2019. „Fläche und Nutzung 2018". URL: https://statistik.stadt-frankfurt.de/strukturdatenatlas/region_rheinmain/html/atlas.html (letzter Aufruf: 30.07.2020).

Tobler, W. R. 1970. „A Computer Movie Simulating Urban Growth in the Detroit Region". *Economic Geography*, *46*: 234–240. URL: https://doi.org/10.2307/143141 (letzter Aufruf: 27.03.2021).

Vaché, M. 2016. „Gespaltener Wohnungsmarkt: Das Beispiel der Region Frankfurt/Main". In *Stadtforschung aktuell. Wohnen: Markt in Schieflage – Politik in Not*, E. von Einem (Hrsg.), 77–98. Wiesbaden: Springer VS.

Vaché, M. 2020. *Feststellung von Gebieten mit angespannten Wohnungsmärkten im Sinne des § 556d Abs. 1 BGB anhand geeigneter Indikatoren im Land Hessen. Fortschreibung 2020: Eine Untersuchung im Auftrag des Hessischen Ministeriums für Umwelt, Klimaschutz, Landwirtschaft und Verbraucherschutz*. Darmstadt.

4.8 Anhang

1 Altstadt
2 Innenstadt
3 Bahnhofsviertel
4 Westend-Süd
5 Westend-Nord
6 Nordend-West
7 Nordend-Ost
8 Ostend
9 Bornheim
10 Gutleutviertel
11 Gallus
12 Bockenheim
13 Sachsenhausen-N.
14 Sachsenhausen-S.
15 Flughafen
16 Oberrad
17 Niederrad
18 Schwanheim
19 Griesheim
20 Rödelheim
21 Hausen
22 Praunheim
24 Heddernheim
25 Niederursel
26 Ginnheim
27 Dornbusch
28 Eschersheim
29 Eckenheim
30 Preungesheim
31 Bonames
32 Berkersheim
33 Riederwald
34 Seckbach
35 Fechenheim
36 Höchst
37 Nied
38 Sindlingen
39 Zeilsheim
40 Unterliederbach
41 Sossenheim
42 Nieder-Erlenbach
43 Kalbach-Riedberg
44 Harheim
45 Nieder-Eschbach
46 Bergen-Enkheim
47 Frankfurter Berg

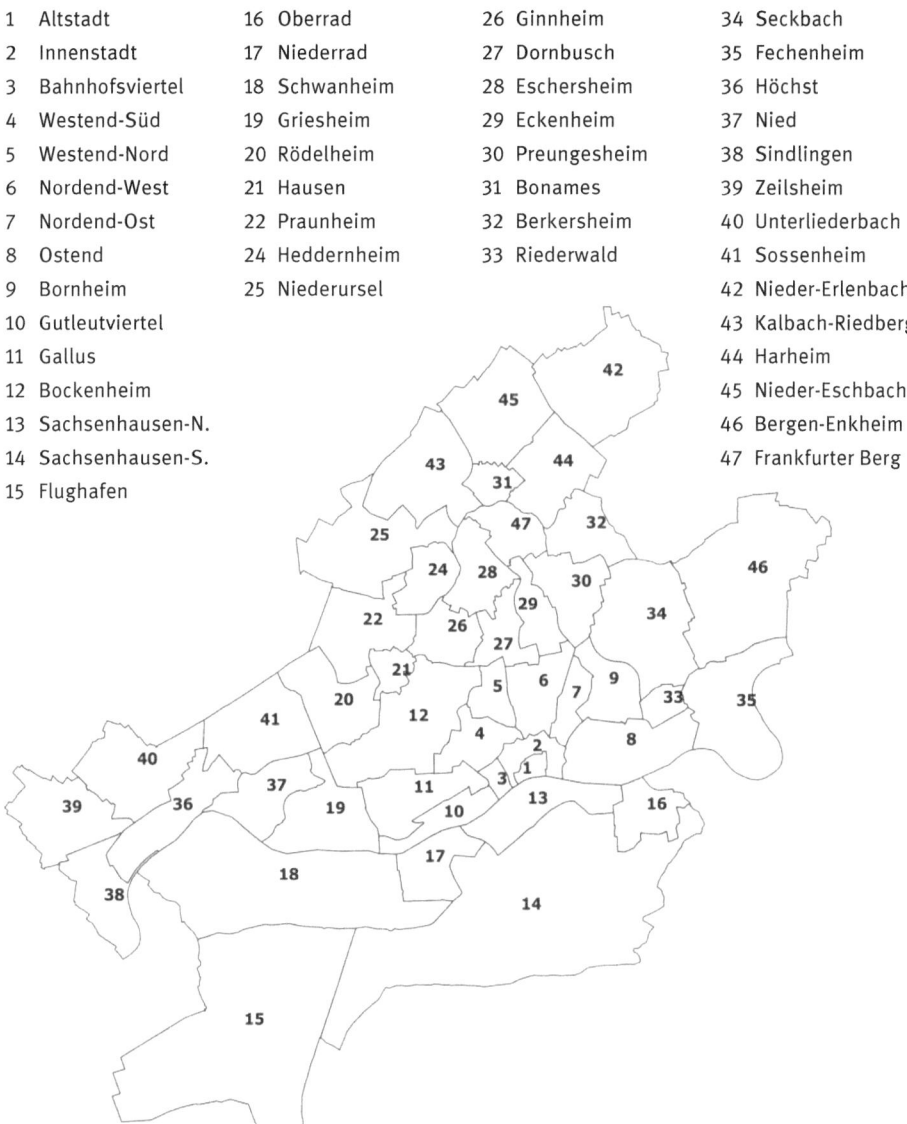

Abb. 4.4: Frankfurt am Main, Stadtteile (Quelle: Stadt Frankfurt am Main (Geometrien), eigene Darstellung).

Carolin Schröder
5 Nachhaltige Entwicklung und Smartness: Entwicklungslinien und Herausforderungen für Städte und Regionen

Viele fachliche Diskussionen über Städte und Kommunen waren in den vergangenen Jahren und Jahrzehnten durch zwei Themen geprägt: Nachhaltigkeit und Digitalisierung bzw. Smartness. Im folgenden Text werden Entwicklungspfade beider Konzepte im Kontext Stadt- und Regionalentwicklung kurz vorgestellt. Argumentiert wird, dass es mittlerweile durchaus inhaltliche und strukturelle Überschneidungen von nachhaltiger und smarter Entwicklung geben kann, diese in der Praxis allerdings mit zahlreichen Herausforderungen umgehen müssen.

5.1 Entwicklungslinien nachhaltiger Entwicklung in Städten und Kommunen

Nachhaltige Entwicklung ist seit den 1990er Jahren ein Mainstream-Thema: „Sustainable development [is the] development that meets the needs of the present, without compromising the ability of future generations to meet their own needs" (WCED 1987). Konsens ist mittlerweile, dass sie alle Lebensbereiche umfassen soll, um Wirkungen erzielen zu können – in der Literatur bezieht man sich dabei in der Regel auf die sogenannten Drei Säulen der Nachhaltigkeit: Ökonomie, Ökologie und Soziales (vgl. Ott 2009).

In der Stadtplanungsliteratur und Stadtforschung wurde diese Definition weitgehend übernommen, allerdings konkreter und vorrangig auf die Bewohner/-innen der Städte bezogen: „Sustainable cities should meet their inhabitants' development needs without imposing unsustainable demands on local or global natural resources and systems" (Satterthwaite 1992: 3). Bereits seit Mitte der 1990er Jahre versuchten Mitglieder der Zivilgesellschaft in Kommunen auf der ganzen Welt – mit der sogenannten Lokalen Agenda 21 – lokale nachhaltige Entwicklung anzustoßen. In dieser frühen Phase lag der Schwerpunkt häufig auf ökologischen Aspekten, blieb aber ein Nischenthema.

Erst in den 2000er Jahren wurde umfassende nachhaltige Entwicklung in Städten zum Mainstream-Thema, befördert vor allem durch freiwillige Selbstverpflichtungen lokaler Regierungen. So wurde nachhaltige Entwicklung zum Beispiel in der Leipzig Charta zur nachhaltigen europäischen Stadt 2007 als übergeordnetes Ziel europäischer Kommunalentwicklung vereinbart. Hier wurde zum Beispiel auch die Minderung gesellschaftlicher Benachteiligung als ein wichtiges Ziel aufgenommen (vgl. BMUB 2007).

Global wurde nachhaltige Entwicklung von Städten vor allem als Herausforderung für schnell wachsende Städte verstanden:

> By readdressing the way cities and human settlements are planned, designed, financed, developed, governed and managed, the New Urban Agenda will help to end poverty and hunger in all its forms and dimensions; reduce inequalities; promote sustained, inclusive and sustainable economic growth; achieve gender equality and the empowerment of all women and girls in order to fully harness their vital contribution to sustainable development; improve human health and well-being; foster resilience; and protect the environment. (UN O17: 3)

Mittlerweile lässt sich auf einen reichhaltigen Fundus an positiven und negativen Erfahrungen zurückgreifen. Hierbei zeichnen sich Erfolgsvoraussetzungen für nachhaltige Entwicklung ab: dies vor allem in dem Bewusstsein, dass die „Große Transformation" (WBGU 2011) – also umfassende nachhaltige Entwicklung – eine vielfältige Herausforderung auf allen Ebenen darstellt und als komplexer, langfristiger und teilweise ressourcenintensiver Prozess verstanden werden muss (vgl. Krellenberg et al. 2016).

In der Praxis kann in der Folge eine Verlagerung von hierarchisch organisierten Ansätzen zu partizipativen, co-kreativen oder gar kooperativen festgestellt werden. In diesem Kontext erhalten auch Produktion, Austausch und Verbreitung unterschiedlicher Formen „sozial robusten Wissens" (Walter et al. 2007) Bedeutung. Darüber hinaus bedarf es einer gewissen Flexibilität und Offenheit der Strukturen

Sustainable Cities

Social development	Economic development	Environmental management	Urban Governance
• Education and health	• Green productive growth	• Forest and soil management	• Planning and decentralization
• Food and nutrition	• Creation of decent employment	• Waste and recycling management	• Reduction of inequities
• Green housing and buildings	• Production and distribution of renewable energy	• Energy efficiency	• Strenghtening of civil and political rights
• Water and Sanitation	• Technology and innovation (R&D)	• Water management (including fresh water)	• Support of local, national, regional and global links
• Green public transportation		• Air quality conservation	
• Green energy access		• Adaptation to and mitigation of climate change	
• Recreation areas and community support			

Abb. 5.1: Das Vier-Säulen-Modell der nachhaltigen Entwicklung von Städten mit Operationalisierungsbeispielen (Quelle: UN 2013: 62; eigene Darstellung).

und Entwicklungs-, Entscheidungs- und Umsetzungsprozesse, um „hochkomplexe reale Probleme" (Zscheischler et al. 2014) zu lösen. Gleichzeitig müssen in den jeweiligen Städten Ziele, Strukturen und Maßnahmen miteinander in Einklang gebracht und spezifische lokale Voraussetzungen und Problemkonstellationen berücksichtigt werden (vgl. Elmqvist et al. 2019). Entsprechend können die drei Säulen in der Nachhaltigkeitspraxis ganz unterschiedlich operationalisiert werden (vgl. Abb. 5.1).

In der Stadtentwicklung wurde die Bedeutung von Governance sowie die Verbesserung derselben derart wichtig eingeschätzt, dass sie als Vierte Säule der Nachhaltigkeit eingeführt wurde (vgl. Abb. 5.1).

5.2 Entwicklungslinien smarter Entwicklung in Städten und Kommunen

In den vergangenen gut 20 Jahren wurde auch Smartness zu einem Mainstream-Thema – und auch hier hat sich der Diskurs verändert. Zunächst wurde diese Idee meist gleich gesetzt mit Digitalisierung und Automatisierung technischer Infrastrukturen – dies wiederum hauptsächlich im Kontext von Kommunikationstechnologien:

> Although several different definitions of smart city have been given in the past, most of them focus on the role of communication infrastructure. However, this bias reflects the time period when the smart city label gained interest, the early 1990s, when the ICTs first reached a wide audience in European countries. Hence, in our opinion, the stress on the internet as "the" smart city identifier no longer suffices. (Caragliu et al. 2011: 69 f.)

Smartness wurde aber zunächst nicht nur vorrangig technisch, sondern auch in stark urbanisierten, privatwirtschaftlichen Kontexten gedacht (vgl. Sadowski/Bendor 2019; Sadowski 2020). Idealvorstellungen dieser Zeit zeigen dicht bebaute Städte, in denen die Versorgung mit Ressourcen sowie Kommunikation und Dienstleistungen komplett automatisiert und vernetzt ist, die Zentren wirtschaftlichen Wachstums, globalisierter Kapitalströme und Märkte sind, die von global agierenden Technologie-Firmen gebaut werden.

Höhere Effizienz von Systemen wurde dann recht schnell auch als Ansatzpunkt für ökologische Nachhaltigkeit gesehen: In einem komplett vernetzten System können – so die Theorie – Ressourcen viel effizienter eingesetzt werden (vgl. Gil-Garcia et al. 2016). Am einfachsten kann dies in „Neuen Städten" geschehen, deren Infrastruktur sowieso komplett neu gebaut wird – und in Ländern, in denen große freie Flächen zur Verfügung stehen. Dies bedeutet zum Beispiel, dass Infrastrukturen digital vernetzt werden oder dass keine traditionell bedienbaren Lichtschalter und Temperaturregler installiert werden. Bisher liegen allerdings wenige Erkenntnisse vor, inwiefern dadurch tatsächlich Umweltressourcen geschont werden (vgl. Akande et al. 2019).

So verlockend dieses Bild erscheinen mag, auffällig ist, dass Menschen in vielen (frühen) Smart City-Konzepten fehlten – auch wenn die Auswirkungen von Digitalisierung und Smartness (fast) alle Bereiche menschlichen Lebens berühren. In der Folge wurden zunächst auf zivilgesellschaftlicher Ebene (vgl. Stollmann et al. 2016), später auch auf politischer Ebene, stärker Wechselwirkungen zwischen Nachhaltigkeit und Digitalisierung beziehungsweise Smartness hinterfragt (vgl. WBGU 2018). Leitfrage ist dabei, wie innovative Technologien Nachhaltigkeit befördern können, wie „Digitalisierung in den Dienst globaler Nachhaltigkeit" (WBGU 2018, 1) gestellt werden kann. Erste Kommunen entwickeln eigene Herangehensweisen, „smart" zu werden. Dies manifestiert sich zum Beispiel durch eine Verknüpfung spezifischer Aspekte der ökologischen, ökonomischen oder sozialen Nachhaltigkeit mit neuen (digitalen) Technologien: Beispiele reichen von inklusiven Digitalisierungsagenden über lokale, digital gesteuerte Energieproduktion und -verteilung, innovative Bewässerungssysteme, E-Government bis hin zu gemeinschaftlich entwickelten und genutzten Internetplattformen und Apps (vgl. Höfner/Frick 2019; Walravens/Mechant 2018; Stollmann et al. 2016; CityLAB Berlin).

Mittlerweile haben sich viele Kommunen weltweit auf diesen Weg gemacht. Sie verknüpfen technische Lösungen mit gesellschaftlichem Nutzen, stärken partizipative und co-kreative Ansätze in Smartness-strategien und -umsetzungen (vgl. Aurigi/Odendaa 2021), und betonen – ähnlich wie im Nachhaltigkeitsdiskurs – die zunehmende Bedeutung von Governance (vgl. Dameri/Benevolo 2016) und digitalen, bürger(innen)nahen Verwaltungsservices (vgl. Walravens/Mechant 2018). Die Stärkung der Bedeutung von Lernen und Wissen wurde schon vergleichsweise früh in Smart-City-Konzepte integriert, zum Beispiel in den „Knowledge Cities" in Australien oder Südafrika (vgl. Yigitcanlar et al. 2008). Damit bewegen sie sich weg von ausschließlich technologisch ausgerichteten Lösungen mit unreflektierter Übertragung der privatwirtschaftlichen Logik des wirtschaftlichen Wettbewerbs hin zu gesellschaftsorientierten, inklusiveren Perspektiven und Formaten (vgl. ZTG 2017; Nam/Pardo 2011). Wien, lange Zeit Vorreiter in Sachen einer gesellschaftlich eingebetteten Definition

> bezeichnet eine Stadt [als Smart City], in der systematisch Informations- und Kommunikationstechnologien sowie ressourcenschonende Technologien eingesetzt werden, um den Weg hin zu einer postfossilen Gesellschaft zu beschreiben, den Verbrauch von Ressourcen zu verringern, die Lebensqualität der Bürger/-innen und die Wettbewerbsfähigkeit der ansässigen Wirtschaft dauerhaft zu erhöhen, – mithin die Zukunftsfähigkeit der Stadt zu verbessern. (Hofstetter/Vogl 2011)

Ein weiteres Beispiel für ein erweitertes Verständnis von Smart City ist Amsterdam, welches sich an der sogenannten Quadruple Helix for Smart Innovations orientiert, also die explizite Einbindung unterschiedlicher Stakeholdergruppen in Entwicklungsprozesse vorsieht – hierzu gehören auch (kommunale) Verwaltungen (siehe Abbildung 5.2).

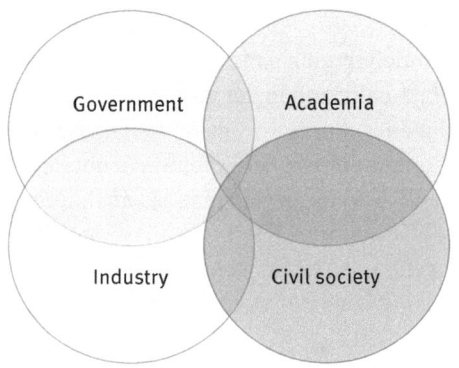

Abb. 5.2: Quadruple helix as a basis for smart innovations (Quelle: Nach Lindberg et al. 2014).

5.3 Gemeinsamkeiten und Herausforderungen – Soziale Nachhaltigkeit in der Region

In Diskursen um Nachhaltigkeit und Smartness lassen sich also durchaus Gemeinsamkeiten feststellen. Dies ist zum einen die Erkenntnis, dass jegliche umfassende Transformation langfristiger, komplexer Prozesse der Steuerung und Verknüpfung von Themen bedarf, zum anderen, dass es keine einheitliche Herangehensweise geben kann. Keine Kommune ist von heute auf morgen nachhaltig, keine Kommune ist von heute auf morgen smart.

Damit wird auch bei beiden Ansätzen die Bedeutung von Governance gestärkt: Als Querschnittsthemen haben sich in diesem Kontext 1) Partizipation/Co-Kreation/Kooperation als Ausdruck einer weniger hierarchischen, bedarfsorientierten Kultur des Voneinander-Lernens, der Bedarfsorientierung und der Reflektion sowie 2) der veränderte Umgang mit unterschiedlichen Formen von Wissen als Grundlage von Veränderung, von schrittweisem Entwickeln und Ausprobieren herauskristallisiert.

Allerdings lassen sich unterschiedliche Entwicklungsrichtungen identifizieren: Während im Smart-City-Kontext zunächst vor allem sehr große Lösungen entwickelt wurden, die allmählich – wie oben beschrieben – durch kleinräumigere, ortsangepasste Ansätze ergänzt werden, so zeigt sich in der Nachhaltigkeitsdiskussion eine umgekehrte Entwicklung: Hier wird argumentiert, dass kleinräumige Ansätze in der Regel zu wenig sind, um merkliche Nachhaltigkeitswirkungen erzielen zu können. Gefordert werden hier dringend radikale, groß angelegte und integrierte Lösungen (vgl. Markard et al. 2012; van den Bergh et al. 2011).

Zu beachten ist in jedem Fall, dass viele Kommunen in ihren Ressourcen, Umsetzungs- und Steuerungserfahrungen beschränkt sind. Zudem haben sie mit fragmentierten Zuständigkeits-und Entscheidungsstrukturen, mit Insellösungen und Pfadabhängigkeiten zu kämpfen.

Zusätzlich ist anzumerken, dass Digitalisierung und Smartness im Kontext Nachhaltigkeit/nachhaltige Entwicklung bisher nur eine untergeordnete Rolle spielen; erst allmählich wird in Kommunen versucht, diese Themen explizit zu verknüpfen und orts- und bedarfsspezifische Lösungen mit zu entwickeln. Forschung zu etwaigen positiven oder negativen Wechselwirkungen steht daher noch ganz am Anfang.

Was hat dies aber nun alles mit sozialer Nachhaltigkeit in der Region zu tun? Voran geschickt sei, dass Regionen als räumliche oder politische Zusammenhänge verstanden werden können, die größer als eine Kommune sind. Sie vereinen in der Regel unterschiedlich dicht bebaute und unterschiedlich zentrale gelegene als auch unterschiedlich vergesellschaftete Teilräume. Es ist also auch von Regionen mit räumlichen und gesellschaftlichen Ungleichheiten auszugehen. In der Konsequenz stellt sich die Frage: Wie können Regionen sozial nachhaltig bleiben oder werden, und welche unterstützende Rolle kann Smartness dabei einnehmen?

Allerdings muss die Forschung um nachhaltige und smarte Entwicklung von Regionen noch als Nischenthema angesehen werden: Nach einer kurzen Trendphase von „Smart Regions" Anfang der 2000er Jahre lassen sich erst um die 2020er Jahre wieder vermehrt Publikationen zu „Smart Regions" und auch um „Smart Villages" finden.

Im Diskurs um „Smart Regions" lassen sich viele der bereits angesprochenen Aspekte finden: In der ersten Phase Anfang der 2000er wurden diese vor allem – ähnlich wie Smart Cities – mit wirtschaftlichem Aufschwung, globalem Wettbewerb, technologischer Innovation und Wachstum verbunden (vgl. Matern et al. 2018). Handelte es sich zunächst um eine ausschließlich positive Zukunftsvorstellung – verbunden mit der Hoffnung, dass durch Internet und Digitalisierung räumliche Ungleichheit aufgehoben wird (vgl. Castells/Cardoso 1996) – so zeigte sich vor allem im deutschen Kontext aber schnell, dass die Realität langsam voranschreitender Digitalisierung, teilweise schrumpfender Bevölkerung und somit begrenzter Akteurszahl sowie die vielfache Verlagerung von Arbeitsplätzen die Versprechen „Smarter Regionen" bisher nicht annähernd umsetzen konnte.

Erste Erfahrungen in der Umsetzung zeigten, dass auch hier ein Voneinander-Lernen, neue Akteurskonstellationen, das Zusammenbringen unterschiedlicher Wissensformen sowie bedarfsorientierte Ansätze als Erfolgsvoraussetzungen für Smart Regions gelten müssen (vgl. Colantonio/Cialfi 2016; Camagni/Capello 2013; Roth et al. 2013). Entsprechend hohe Bedeutung wird auch hier der Governance in regionalen Transformationsprozessen zugesprochen:

> We define smart regions as diverse urban-rural areas that are spatially reframed by digital technologies and the respective social practices in a variety of fields (citizenship, governance, economy, environment, mobility, infrastructure) on a discursive, implemental and regulative level. (Matern et al. 2020: 2070)

Zwei wesentliche Unterschiede zwischen Diskursen um Smart Regions und um Smart Cities lassen sich allerdings bisher erkennen: Zum einen werden bei ersteren räumliche und soziale Ungleichheiten in der Forschung bisher stärker in den Blick genommen – teilweise werden Stadt-Land-Kooperationen sogar als Voraussetzung für Smartness einer Region gesehen (vgl. Matern et al. 2018). Zum anderen werden auch explizitere Verbindungen der Entwicklung von „Smart Regions" zu sozialen Innovationen hergestellt (vgl. Matern et al. 2018; Calzada 2013). Einige Regionen haben sich bereits auf diesen Weg gemacht: Dies reicht von neuen Formen des Lernens und Wissensaustauschs durch Crowdsourcing (vgl. Roth et al. 2013) oder durch Außenstellen von Universitäten (vgl. Markkula/Kune 2015) bis zur expliziten Verbindung mit Lebensqualität durch unterschiedliche Sharing-Angebote und Stärkung lokalen gesellschaftlichen Zusammenhalts (vgl. Smart Village e. V.).

Zunehmend unterstützt werden solche Anstrengungen auch durch Wettbewerbe und Förderprogramme, die Smartness und (soziale) Nachhaltigkeit nicht mehr als Gegensätze konzipieren. Zu nennen sind hier zum Beispiel der "Stadt-Umland-Wettbewerb" Brandenburg in 2016/2017, die Reallabore Klima in Baden-Württemberg ab 2021 sowie die zweite Runde des bundesweiten Smart-City-Wettbewerbs 2020.

5.4 Ausblick

Soziale Nachhaltigkeit scheint also sowohl im Kontext städtischer als auch regionaler Entwicklung an Bedeutung zu gewinnen. Es bleibt die Frage, wie sie tatsächlich umgesetzt werden kann – denn die Transformationshindernisse sind vielfältig. Im Kern geht es dabei um die Fragen, wie 1) Ziele mehrdimensionaler nachhaltiger Entwicklung sinnvoll durch digitale Lösungsansätze der Smartifizierung unterstützt werden können (Nachhaltigkeit durch Smartness) und 2) ortsspezifische Bedürfnisse unterschiedlicher Bevölkerungs- und Stakeholdergruppen besser als bisher in Entscheidungs- und Umsetzungsprozesse eingebunden werden können.

Dabei ist es wichtig, Auswirkungen räumlicher und sozialer Ungleichheiten stärker in den Blick zu nehmen. Insbesondere ist zu untersuchen, wie sich räumliche und gesellschaftliche Aspekte gegenseitig – im Positiven wie im Negativen – beeinflussen. Gleichzeitig sollten gezielt Synergien gesucht und kreativ entwickelt werden, die mit den Ressourcen vor Ort umgesetzt werden können.

5.5 Literaturverzeichnis

Akande, A./Cabral, P./Casteleyn, S. 2019. Assessing the gap between technology and the environmental sustainability of European cities. Information Systems Frontiers 21: 581–604.
Aurigi, A./Odendaal, N. 2021. From "Smart in the Box" to "Smart in the City": rethinking the socially sustainable smart city in context. Journal of Urban Technology 28: 55–70.
Bundesministerium für Umwelt, Naturschutz, Bau und Reaktorsicherheit (BMUB). 2007. Leipzig Charta zur nachhaltigen europäischen Stadt. Berlin. URL: www.bmu.de/fileadmin/Daten_BMU/Download_PDF/Nationale_Stadtentwicklung/leipzig_charta_de_bf.pdf (letzter Aufruf: 27.03.2021).
Calzada, I. 2013. Critical social innovation in the smart city era for a city-regional european horizon 2020. Journal of public policies and territories. Social Innovation and Territory 6: 1–20.

Camagni, R./Capello, R. 2013. Regional innovation patterns and the EU regional policy reform: toward smart innovation policies. Growth and change 44.2: 355–389.

Caragliu, A./Del Bo, C./Nijkamp, P. 2011. Smart Cities in Europe, Journal of Urban Technology 18: 65–82.

Castells, M./Cardoso, G. 1996. The Rise of the Network Society, Blackwell. Oxford.

CityLAB Berlin. Laufende Projekte. URL: www.citylab-berlin.org/all_projects/ (letzter Aufruf: 16.05.2021).

Colantonio, E./Cialfi, D. 2016. Smart regions in Italy: a comparative study through self-organizing maps. European Journal of Business and Social Sciences 5(9): 84–99.

Dameri, R. P./Benevolo, C. 2016. Governing smart cities: an empirical analysis. Social Science Computer Review 34: 693–707.

Elmqvist, T. et al. 2019. Sustainability and resilience for transformation in the urban century. Nature Sustainability 2: 267–273.

Gil-Garcia, J. R./Pardo, T. A./Nam, T. 2016. A comprehensive view of the 21st century city: Smartness as technologies and innovation in urban contexts. Smarter as the new urban agenda. Springer, Cham: 1–19.

Höfner, A./Frick V. 2019. Was Bits und Bäume verbindet. Digitalisierung nachhaltig gestalten. Oekom. München.

Hofstetter, K./Vogl, A. 2011. "Smart City Wien": Vienna's Stepping Stone into the European Future of Technology and Climate.

Krellenberg K./Koch, F./Kabisch S. 2016. Urban Sustainability Transformations (UST) in lights of resource efficiency and resilient city concepts.

Lindberg, M./Lindgren, M./Packendorff, J. 2014. Quadruple Helix as a Way to Bridge the Gender Gap in Entrepreneurship: The Case of an Innovation System Project in the Baltic Sea Region. Journal of the Knowledge Economy, 5(1): 94–113.

Markard, J./Raven R./Truffer B. 2012. Sustainability transitions: An emerging field of research and its prospects. Research policy 41: 955–967.

Markkula, M./Kune H. 2015. Making smart regions smarter: smart specialization and the role of universities in regional innovation ecosystems. Technology Innovation Management Review 5.10.

Matern, A./Binder J./Noack A. 2020. Smart regions: insights from hybridization and peripheralization research. European Planning Studies 28.10: 2060–2077.

Matern, A./Schröder C./Stevens M./Weidner S. 2018: Provincial – but smart! Proceedings of the SSPCR conference 2017, Bozen/Italy. Springer.

Nam, T./Pardo T. A. 2011. Conceptualizing smart city with dimensions of technology, people, and institutions. Proceedings of the 12th annual international digital government research conference: digital government innovation in challenging times. ACM.

Ott, K. 2009. Leitlinien einer starken Nachhaltigkeit. Ein Vorschlag zur Einbettung des Drei-Säulen-Modells: 25–28. oekom. München.

Roth, K. O./Hirschmann T./Kaivo-Oja J. 2013. Smart regions: two cases of crowdsourcing for regional development. Int. J. Entrepreneurship and Small Business 20(3):272–285.

Sadowski, J./Bendor R. 2019. Selling smartness: Corporate narratives and the smart city as a sociotechnical imaginary. Science, Technology, Human Values 44: 540–563.

Sadowski, J. 2020. Who owns the future city? Phases of technological urbanism and shifts in sovereignty. URL: https://journals.sagepub.com/doi/10.1177/0042098020913427 (letzter Aufruf: 16.05.2021).

Satterthwaite, D. 1992. Sustainable cities: Introduction. Environment and Urbanization, vol. 4, No. 2: 3–8.

Smart Village e. V. Smart Village e. V. im Hohen Fläming. URL: https://smart-village.net/ (letzter Aufruf: 16.05.2021).

Stollmann, J./Wolf, K./Brück, A./Frank, S./Million, A./Misselwitz, P./Schröder, C. (Eds.). 2016. Beware of smart people! Redefining the smart city paradigm towards inclusive urbanism: Proceedings of the 2015 "Beware of Smart People!" symposium. Universitätsverlag der TU Berlin.

UN (United Nations) Department of Economic and Social Affairs. World Economic and Social Survey. 2013. Sustainable Development Challenges, E/2013/50/Rev. 1S T/ESA/34 4. URL: www.un.org/en/development/desa/policy/wess/wess_current/wess2013/WESS2013.pdf (letzter Aufruf: 09.04.2021).

van den Bergh, J. CJM/Truffer B./Kallis G. 2011. Environmental innovation and societal transitions: Introduction and overview. Environmental innovation and societal transitions 1.1: 1–23.

Walravens, N./Mechant P. 2018. E-government and smart cities: theoretical reflections and case studies. Media and Communication 6.4: 119–122.

Walter, A. I./Helgenberger, S./Wiek, A./Scholz, R. W. 2007. Measuring societal effects of transdisciplinary research projects: Design and application of an evaluation method. Evaluation and Program Planning 30: 325–338.

WBGU Wissenschaftlicher Beirat der Bundesregierung Globale Umweltveränderungen 2018. Digitalisierung: Worüber wir jetzt reden müssen. Berlin. URL: www.wbgu.de/fileadmin/user_upload/wbgu/publikationen/factsheets/digitalisierung.pdf (letzter Aufruf: 15.03.2021).

WBGU 2011. Welt im Wandel: Gesellschaftsertrag für eine Große Transformation. Berlin. In: URL: www.wbgu.de/fileadmin/user_upload/wbgu/publikationen/hauptgutachten/hg2011/pdf/wbgu_jg2011.pdf (letzter Aufruf: 26.03.2021).

World Commission on Environment and Development (WCED). 1987. Our Common Future; Oxford University Press: New York (NY).

Yigitcanlar, T./Velibeyoglu K./Martinez-Fernandez C. 2008. Rising knowledge cities: the role of urban knowledge precincts. Journal of knowledge management.

Zscheischler, J/Rogga, S./Weith, T. 2014. Experiences with Transdisciplinary Research: Sustainable Land Management Third Year Status Conference. Systems Research and Behavioral Science 31(6): 751–756.

ZTG. 2017: Smart City: Zur Bedeutung des aktuellen Diskurses für die Arbeit am Zentrum Technik und Gesellschaft. TU Berlin.

Tina Fletemeyer und Stephan Friebel-Piechotta
6 Damit sie bleiben oder wiederkommen! Schulische Berufliche Orientierung als ein Ansatzpunkt zur Reduzierung des regionalen Fachkräftemangels

6.1 Fachkräftemangel als (regionale) Herausforderung

Fachkräftemangel[1] wird als eine relative Angebotsverknappung von Fachkräften auf einem Teilmarkt für bestimmte Qualifikationen definiert (vgl. Kettner 2012, 15 f.). Fachkräfte zeichnen sich durch fachspezifische Qualifikationen aus, die sie dazu befähigen, Tätigkeiten (produktiver) auszuführen als andere Arbeitskräfte (vgl. Kettner 2012, 16), und sind demnach in allen Tätigkeitsbereichen zu finden, in denen es spezifischer Qualifikationen bzw. Kenntnisse bedarf. Diese Aufgaben können von Hilfstätigkeiten abgegrenzt werden, für deren Ausübung keine spezifischen Kenntnisse und Fähigkeiten und damit verbunden auch keine Fachkräfte benötigt werden (vgl. Kettner 2012, 16). Der quantitative Mangel an Fachkräften auf dem Arbeitsmarkt äußert sich in den betroffenen Unternehmen bzw. Institutionen auf betrieblicher Ebene in Personalengpässen. Auf gesamtwirtschaftlicher Ebene hemmt der Fachkräftemangel das Wirtschaftswachstum (vgl. Burstedde et al. 2018).

Der Mangel an Fachkräften unterscheidet sich stark zwischen einzelnen Berufen. Auffällig ist, dass vor allem typische Männer- und Frauenberufe zu den sogenannten Engpassberufen gehören (vgl. Malin et al. 2019, 10). So zählen neben männertypischen technischen Berufen vor allem auch Altenpfleger/-innen und Erzieher/-innen zu den Engpassberufen (vgl. ebd.). Im kaufmännischen Bereich gibt es hingegen weniger Schwierigkeiten, offene Stellen zu besetzen (vgl. Burstedde und Seyda 2020). Aber auch hier gibt es in einigen Berufen in manchen Regionen Engpässe. So lag die Engpassquote[2] für Kaufleute in Handel, Vertrieb, Hotel und Tourismus bspw. in einigen Regionen Bayerns im Jahr 2019 bei über 90 %. Der Fachkräftemangel ist somit

---
[1] Fachkräfte werden hinsichtlich des Anforderungsniveaus in Fachkräfte (Personen mit mindestens zweijähriger Berufsausbildung); Spezialist/-innen (Personen mit Fortbildungsabschluss [z. B. Meister] oder Fachschulabschluss, mit Bachelorabschluss ohne Berufserfahrung) und Expert/-innen (Personen mit Bachelorabschluss mit Berufserfahrung, mit Masterabschluss oder Diplom) unterschieden (vgl. Malin et al. 2019, 7). Wenn nicht anders expliziert, werden im Folgenden unter Fachkräfte alle hier beschriebenen Anspruchsniveaus zusammengefasst.
[2] „Die Engpassquote gibt den Anteil offener Stellen in Engpassberufen an allen offenen Stellen in relevanten Berufen an. Die Engpassquote zeigt somit, wie viele gemeldete offene Stellen aufgrund der Fachkräfteengpässe schwer zu besetzen sein dürften" (Malin et al. 2019, 7).

auch innerhalb der Berufsfelder unterschiedlich ausgeprägt (vgl. Kompetenzzentrum Fachkräftesicherung 2019).

Auch über alle Berufsgruppen hinweg differiert der Fachkräftemangel regional in Teilen erheblich (vgl. Burstedde und Seyda 2020). Zum einen ist beim Fachkräftemangel ein Nord-Süd-Gefälle festzustellen, da Teile von Süddeutschland (in Bayern und Baden-Württemberg) am stärksten betroffen sind. Auffällig ist zum anderen, dass der Fachkräftemangel in großen Metropolen und deren Einzugsbereich oftmals weniger stark ausgeprägt ist. Unternehmen im ländlichen Raum bzw. fernab von den Metropolen haben hingegen größere Schwierigkeiten, offene Stellen zu besetzen (vgl. Kräußlich und Schwanz 2017, 196 f.; Kompetenzzentrum Fachkräftesicherung 2019).

Unternehmen stehen nicht nur vor der Herausforderung, offene Stellen mit entsprechenden Fachkräften zu besetzen, sondern auch Ausbildungsplätze können nicht immer vergeben werden. Deutschlandweit wurden in den letzten Jahren immer mehr Berufsausbildungsstellen ausgeschrieben als es Bewerber/-innen gab (vgl. Bundesagentur für Arbeit 2019). Dieses Mismatching von Angebot und Nachfrage ist Resultat einer bis 2019 steigenden Zahl an gemeldeten Ausbildungsstellen auf der einen und einer seit einigen Jahren rückläufigen Anzahl an Bewerber/-innen auf der anderen Seite (vgl. Bundesagentur für Arbeit 2019). Können Ausbildungsstellen nicht besetzt werden, führt dies aller Wahrscheinlichkeit nach mittelfristig zu einer Verstärkung des Fachkräftemangels.

Die SARS-CoV-2-Pandemie hat aktuell sowohl zu einer Reduktion der gemeldeten Berufsausbildungsstellen beigetragen (vgl. Kompetenzzentrum Fachkräftesicherung 2020) als auch zu einer Verringerung der gemeldeten offenen Arbeitsstellen geführt (vgl. Kompetenzzentrum Fachkräftesicherung 2020). Das Problem des Fachkräftemangels besteht jedoch weiterhin, ebenso wie die Schwierigkeiten, Ausbildungsplätze zu besetzen. So steht dem Rückgang der ausgeschriebenen Ausbildungsplätze ein starker Rückgang bei den Bewerbungen gegenüber (vgl. Kompetenzzentrum Fachkräftesicherung 2020). Wenngleich der Bedarf an Fachkräften aufgrund der Pandemie für einige Berufe zurückgegangen ist, verschärft sich die Fachkräftesituation jedoch in anderen Branchen (vgl. Kompetenzzentrum Fachkräftesicherung 2020). Dies gilt insbesondere für Berufe im Gesundheitswesen, aber auch in zahlreichen anderen systemrelevanten Bereichen (vgl. Burstedde et al. 2020). Durch die SARS-CoV-2-Pandemie ist somit zwar die Nachfrage nach Arbeitskräften und damit verbunden auch nach Auszubildenden insgesamt gesunken, das Problem des Fachkräftemangels (insbesondere in systemrelevanten Berufen) besteht allerdings auch in der Pandemie fort und wird – so ist anzunehmen – im Falle einer konjunkturellen Erholung (nach der Überwindung der Pandemie) wieder zunehmen. Viele Arbeitgeber/-innen stehen somit aktuell wie auch künftig vor der Herausforderung, Fachkräfte und Auszubildende zu akquirieren. Dies gilt insbesondere für Unternehmen und andere Institutionen in Regionen abseits von Metropolen. Sowohl auf dem Arbeitsmarkt für (ausgebildete) Fachkräfte als auch auf dem Markt für Auszubildende besteht somit nach wie vor ein Mismatching von Arbeitsangebot und Nachfrage, das sich analytisch in verschiedene

Tab. 6.1: Problemtypen auf dem Arbeitsmarkt (Quelle: In Anlehnung an Matthes und Ulrich 2014, 5).

Zahl der unbesetzten (Ausbildungs-)Stellen	Zahl der erfolglos suchenden Bewerber/-innen	
	Niedrig	Hoch
Niedrig	Kein Problem	Versorgungsproblem
Hoch	Besetzungsproblem	Passungsproblem

Problemtypen ausdifferenzieren lässt (vgl. Tab. 6.1) (vgl. Matthes und Ulrich 2014, 5 f.). Das Problem des Fachkräftemangels lässt sich auf ein Besetzungsproblem zurückführen. Demnach ist die Zahl der unbesetzten Stellen hoch, die Anzahl der erfolglosen Bewerber/-innen allerdings niedrig. Der Fachkräftemangel bzw. die unbesetzten Ausbildungsstellen sind in diesem Fall auf die zu geringe Anzahl an Bewerber/-innen zurückzuführen. Im Falle eines Passungsproblems sind allerdings sowohl die Anzahl der erfolglosen Bewerber/-innen als auch die Zahl der unbesetzten (Ausbildungs-) Stellen hoch.

Das in Relation zur Nachfrage zu geringe Arbeitsangebot (Besetzungsproblem) ist u. a. auf Megatrends zurückzuführen. Hierzu zählen vor allem die aus dem demografischen Wandel resultierende Verknappung des Produktionsfaktors Arbeit (vgl. Matthes und Ulrich 2014, 6) und die durch die Digitalisierung gestiegene Nachfrage nach spezifischen Fachkräften. Der Trend der Akademisierung ist zudem eine wesentliche Ursache für den Rückgang der Bewerbungen auf Ausbildungsplätze (vgl. Kempermann 2015, 23 f.). Der Fachkräftemangel in einigen Branchen (z. B. im Pflegebereich) wird zudem auf die eher schlechten Arbeitsbedingungen und die geringe Entlohnung zurückgeführt (vgl. Pfundstein und Bemsch 2020, 152). Ein Grund, der auch potenzielle Auszubildende von einer entsprechenden Berufswahl abhalten könnte (vgl. Borgstedt 2020). Besetzungsschwierigkeiten zeigen sich auch vor allem in imageschwachen Berufen, wohingegen das Versorgungsproblem darauf zurückzuführen ist, dass sich u. a. auch aufgrund mangelnder Bewerbungen das betriebliche Angebot an Ausbildungsstellen in den letzten Jahren verringert hat (vgl. Matthes und Ulrich 2014, 6). Es zeigt sich, dass sich das Angebots- und Nachfragegefüge auf dem Arbeitsmarkt seit einigen Jahren in einem zunehmenden Ungleichgewicht befindet. Die DIHK-Ausbildungsumfrage betitelt die aktuelle Ausbildungsmarktsituation passenderweise mit dem Slogan: „It's not a match yet" (Deutscher Industrie- und Handelskammertag 2019, 3).

Zu den bisher beschriebenen Problemen kommt hinzu, dass ein erheblicher Anteil der Jugendlichen ihre Ausbildungsverträge noch vor dem Abschluss der dualen Berufsausbildung auflöst. Die Vertragslösungsquote lag im Jahr 2016 bei 25,8 % und somit leicht über dem üblichen Durchschnitt von 20 % bis 25 % (vgl. Bundesministerium für Bildung und Forschung 2018, 81) Der Trend zu einer frühzeitigen Vertragsauflösung zeigt sich bereits seit einigen Jahren. So steigt der Wert von 2010 (23 %) bis 2016 (25 %) kontinuierlich an (vgl. Bundesministerium für Bildung und Forschung 2018, 81). Es konnte gezeigt werden, dass die Angebots-Nachfrage-Relation auf dem

Arbeitsmarkt einen Einfluss auf die Vertragslösung hat. Je höher die Relation, desto höher ist auch die Abbruchquote (vgl. Bundesministerium für Bildung und Forschung 2018, 82).

Studien, in deren Rahmen die Jugendlichen nach den Gründen für eine vorzeitige Vertragslösung befragt wurden, kommen zu einer Vielzahl an Ursachen (vgl. Abb. 6.1). So konnten in einer Studie der Universität Mainz für den Handwerksbereich mithilfe von leitfadengestützten Experteninterviews sowie einer sich anschließenden postalischen Befragung der Auszubildenden verschiedene Ursachen identifiziert werden (vgl. Mischler 2014, 45). Bei den Nennungen ist auffällig, dass „[ins]besondere innerbetriebliche Konflikte" (Mischler 2014, 46) von den Jugendlichen benannt worden sind. Gleichwohl deuten die Aspekte „falsche Berufsvorstellungen" oder „keine Motivation für die Ausbildung" auf eine unzureichende Orientierung vor dem Übergang hin.

Abb. 6.1: Gründe vorzeitiger Vertragslösungen (Quelle: vgl. Mischler 2014, 46).

Eher weniger attraktive Regionen stehen über die bisher beschriebenen Probleme hinausgehend vor der Herausforderung, dass vor allem junge Menschen abwandern (vgl. Bundesministerium für Verkehr und Digitale Infrastruktur 2015, 6). Die Ursachen hierfür sind vielschichtig und können an dieser Stelle nicht umfassend diskutiert werden.[3] Im vorliegenden Beitrag soll stattdessen auf die unzureichende Kenntnis bzw. Wahrnehmung der regionalen Arbeitgeber/-innen und Ausbildungsmöglichkeiten sowie den damit verbundenen beruflichen Perspektiven durch die Jugendlichen und jungen Erwachsenen als ein möglicher Grund für deren Abwanderung aus der Region fokussiert werden. Diese fehlende Wahrnehmung der Schüler/-innen kann nicht nur einzelne Arbeitgeber/-innen betreffen, sondern kann sich auch auf ganze Branchen bezie-

---

[3] Nähere Informationen zum Thema zeigen bspw. Burstedde und Werner 2019 auf.

hen. Es ist anzunehmen, dass bestimmte Wirtschaftsbereiche, die nicht Bestandteil der direkten Erfahrungswelt der Schüler/-innen sind, bei der Berufswahl weitgehend unberücksichtigt bleiben.

Konzepte zur Minderung des Mangels an Auszubildenden und letztlich an Fachkräften sollten an den jeweiligen Ursachen des Fachkräftemangels und der sinkenden Anzahl an Bewerber/-innen auf Ausbildungsplätze ansetzen, sowie einem potenziellen Abbruch einer Ausbildung vorbeugen. Bezogen auf die im vorliegenden Beitrag im Fokus stehende Ursache stellt sich somit für die Arbeitgeber/-innen in der Region die Frage, wie sie die Jugendlichen besser auf sich als zukünftige/n Arbeitgeber/-in bzw. Ausbildungsbetrieb aufmerksam machen können, um damit sowohl dem Besetzungs- als auch dem Passungsproblem entgegenwirken zu können. Diese Frage stellt sich nicht nur für einzelne Unternehmen und weitere Arbeitgeber/-innen, sie stellt sich in Teilen für ganze Branchen. Ein in der Literatur vorgeschlagener und in der Praxis weitverbreiteter Ansatzpunkt ist das Engagement der Arbeitgeber/-innen in der schulischen Beruflichen Orientierung. Hieran anknüpfend sollen im vorliegenden Beitrag Vorschläge beschrieben und systematisiert werden, wie sich Arbeitgeber/-innen in der Beruflichen Orientierung und darüberhinausgehend im Wirtschaftsunterricht einbringen können, um Jugendliche dabei zu unterstützen, die Ausbildungs- und Arbeitsmöglichkeiten in einer Region umfassend wahrzunehmen und in ihre Entscheidungsfindung einzubeziehen (vgl. Abschnitt 6.3). Zentral ist an dieser Stelle jedoch, dass ein synergetischer Effekt zwischen den unterrichtlichen und den außerschulischen Angeboten hergestellt wird. In diesem Zusammenhang ist ein intensiver Austausch zwischen den Unternehmen und den zuständigen Lehrpersonen unabdingbar (vgl. Abschnitt 6.4).

6.2 Berufliche Orientierung an allgemeinbildenden Schulen: Ziele, Inhalte, Methoden

Die Begriffe Bildung bzw. Allgemeinbildung werden wie fast keine anderen „als Kernbegriffe speziellerer pädagogischer Theorien" (Heymann 2013, 33) verwendet und finden sich ebenfalls in unserem alltäglichen Wortschatz wieder (vgl. Heymann 2013, 33). Dennoch fällt es schwer, die Begriffe auf einer definitorischen Ebene zu erfassen. Die Frage, welche Inhalte bzw. Aspekte unter den Begriff der Allgemeinbildung fallen, wird seit vielen Jahren aus unterschiedlichen Blickwinkeln diskutiert. Zurückzuführen ist dies u. a. schon allein aufgrund der äußeren Pluralität des Begriffs „Bildung". Dieser wird bspw. aus soziologischer, ökonomischer, rechtlicher oder auch philosophischer Perspektive mit unterschiedlichen Akzentuierungen betrachtet (vgl. Dörpinghaus et al. 2008, 116). Allen Strömungen bzw. Blickwinkeln ist jedoch gemeinsam, dass sie Antworten auf die Frage einholen wollen, über welche spezifischen „Kenntnisse, Fähigkeiten, Einsichten, Haltungen" (Kaminski 2017, 32) Individuen verfügen sollten, damit ihnen Bildung bzw. eine Allgemeinbildung zugesprochen werden kann. Eine zeitgemäße Allgemeinbildung zeichnet sich „durch eine Stufenordnung aus, welche Lehr-Lernprozesse, die einer künstlichen Vermittlung und Einübung in der Schule bedürfen, horizontal differenziert" (Benner 2002, 72). Infolgedessen kommt der Schule eine wichtige Rolle bei der Vermittlung von Allgemeinbildung zu. Hierbei wird im Zuge der Curriculumentwicklung bzw. -forschung immer aufs Neue diskutiert, welche Inhalte durch die jeweiligen Fächer vermittelt werden, die sich gleichzeitig als Allgemeinbildung definieren (vgl. Benner 2002, 68 ff). Im Grunde geht es im Sinne der Allgemeinbildung darum, Kenntnisse zu erlangen, „die es dem Individuum ermöglichen, seine eigene individuelle und soziale Identität zu entwickeln und jene Situationen zu bewältigen, die privat, beruflich und öffentlich" an ein Individuum herantreten (Kaminski 2017, 32 zitiert nach Albers 1987). Gemäß dieser Definition lässt sich zeigen, dass die Berufliche Orientierung einen allgemeinbildenden Charakter aufweist, den es in die Fächerstruktur der jeweiligen Schulformen einzubeziehen gilt. In diesem Zusammenhang ist jedoch immer auch der historische Hintergrund der Etablierung der Beruflichen Orientierung an einzelnen Schulformen zu berücksichtigen, die auf die 1970er Jahre zurückgeht und im Zuge schulischer Reformen entstand (vgl. Nentwig 2018, 27). Denn aus der bildungstheoretischen Perspektive muss der historisch gewachsene „Stellenwert der Beruflichen Orientierung vor dem Hintergrund des Bildungsverständnisses der jeweiligen Schulform" bedacht werden (Schröder und Fletemeyer 2019, 22). Die schulformspezifischen Betrachtungen lassen sich auch in den gewählten Betitelungen der Beruflichen Orientierung aufzeigen. Während an Gymnasien häufig die Begriffe „Studienorientierung" oder „Studien- und Berufsorientierung" verwendet werden, ist an Oberschulen bzw. Haupt- und Realschulen der Begriff der „Berufsorientierung" gängiger. Trotz vielfältiger definitorischer Schnittmengen spricht die Kultusministerkonferenz (2017) mit dem Begriff der „Beruflichen Orientierung" jüngst eine Begriffsempfehlung aus, die die Bevorzugung einer Dimension vernachlässigt und einem ganzheitlichen Blick auf alle Anschlussalternativen gerecht wird. Dieser Anspruch wird zusätzlich der immer heterogener werdenden Schüler(innen)schaft, als auch der Durchlässigkeit des deutschen Bildungssystems gerecht. Die Kultusministerkonferenz definiert diesen Begriff wie folgt:

> Dieser Begriff [gemeint: Berufliche Orientierung] sollte in den Ländern künftig als einheitlicher Begriff, unter dem alle Synonyme der Berufs- und Studienorientierung gefasst werden, verwandt werden. Studienorientierung ist eine spezielle Ausprägung der Beruflichen Orientierung und hat eine spezifische inhaltliche Ausrichtung des Orientierungsprozesses auf die Aufnahme eines Studiums zum Gegenstand. (Kultusministerkonferenz 2017, 2)

Obwohl sich der Begriff der Beruflichen Orientierung vielfach unter verschiedenen Perspektiven beschreiben lässt, wird er „derzeit relativ konsensual als ein lebenslanger – oder vielleicht besser lebensbegleitender – Prozess, der der Abstimmung zwischen Individuum und Arbeits- und Berufswelt bedarf" (Brüggemann et al. 2011, 294), definiert. Die Berufliche Orientierung soll „über den Charakter einseitigen Informierens über die Arbeits- und Berufswelt hinausgehen und Erfahrungen und Reflexionen der Jugendlichen im Arbeits- und Berufsalltag ermöglichen" (Büchter und Christe 2014, 12). Eine Berufliche Orientierung, die lediglich auf die Entscheidung für einen „Erstberuf" abzielt (vgl. Schudy 2002, 9), und häufig unter dem Begriff der Berufswahlvorbereitung definiert ist, greift im Sinne eines modernen bzw. zeitgemäßen Verständnisses von Beruflicher Orientierung zu kurz. Eine vielzitierte Definition Beruflicher Orientierung geht auf Butz (2008) zurück. Die Berufliche Orientierung ist demnach ein „Prozess der lebenslangen Annäherung und Abstimmung zwischen Interessen, Wünschen, Wissen und Können des Individuums auf der einen und Möglichkeiten, Bedarf und Anforderungen der Arbeits- und Berufswelt auf der anderen Seite" (Butz 2008, 50). Die Definition von Butz (2008) macht darauf aufmerksam, dass die schulische Berufliche Orientierung zwar ein notwendiges, aber keineswegs ein hinreichendes Kriterium für eine ganzheitliche Orientierung darstellt (vgl. Brüggemann 2015, 18). Nur durch eine „Betrachtung und Verzahnung einer schulischen wie einer betrieblichen Berufsorientierung kann diese komplexe Bildungspassage annähernd erfasst und auch bearbeitet werden" (Brüggemann 2015, 18).

Ein zentrales Ziel, welches mit der schulischen Unterstützung des beruflichen Orientierungsprozesses verbunden ist, wird in der aktuellen Literatur mit dem Begriff der Berufswahlkompetenz verbunden (vgl. Driesel-Lange et al. 2013). Unter diesem Begriff wird eine Kompetenzausprägung verstanden, die die Schüler/-innen dazu befähigt, die eigene „Berufsbiografie[n] zu entwerfen, zu planen und zu gestalten" (Driesel-Lange et al. 2013, 284). Hierbei stehen vor allem diejenigen Kompetenzen im Vordergrund, „die notwendig sind, um eine Entscheidung für einen Beruf oder für ein Studium zu planen, umzusetzen und zu verantworten" (Driesel-Lange et al. 2020, 61). Das Ziel einer zeitgemäßen Beruflichen Orientierung versteht sich folglich als Teil der Persönlichkeitsbildung sowie der Lebensplanung im Allgemeinen. Nentwig (2018, 31) spricht sich in diesem Zusammenhang für eine „Berufs- und Lebensweltorientierung" aus. Um dieses Kompetenzziel zu erreichen, stehen der schulischen Beruflichen Orientierung verschiedene methodische Zugänge zur Verfügung. Hierbei stellen verschiedene Praxistage, der Einsatz eines Kompetenzfeststellungsverfahrens, die Dokumentation des individuellen Berufswahlprozesses, die Schülerfirmenarbeit oder aber auch die Zusammenarbeit mit der Bundesagentur für Arbeit zentrale Säulen dar, die an den allgemeinbildenden Schulen gemäß institutioneller Erlasslagen in unterschiedlicher Quantität umzusetzen sind. Insofern unter dem Begriff Berufswahl ein komplexes Gefüge verstanden wird, auf welches „sowohl Faktoren der Arbeitswelt als auch die individuellen Aspekte des Berufswählers einwirken sollten" (Spitzner und Retzmann 2019, 127), sollten neben den Maßnahmen, die das positive Selbstbild der Individuen stärken, auch außerschulische Kontakte als mögliche methodische Zugänge zur Vermittlung berufsorientierender Inhalte herangezogen werden. Denn durch die Einbeziehung von außerschulischen Kooperationspartner/-innen können Erfahrungsräume ermöglicht werden, ohne die eine Berufliche Orientierung nicht realisierbar wäre (vgl. Retzmann und Spitzner 2019, 130 f.; Fletemeyer und Friebel-Piechotta 2019). Im Zuge der Realisierung regionaler Bezüge im Rahmen der Beruflichen Orientierung werden demzufolge häufig außerschulische Lernorte bzw. Praxiskontakte durchgeführt (bspw. Betriebspraktika, Expert(inn)engespräche, Betriebserkundungen usw.). Gleichwohl müssen die außerhalb der Schule gemachten Erfahrungen in einen Sinnzusammenhang eingeordnet und reflektiert werden, damit die Schüler/-innen aus den Erfahrungen „verallgemeinerbare Erkenntnisse über die (wirtschaftliche Dimension der) Berufs- und Arbeitswelt" (Retzmann und Spitzner 2019, 131; Loerwald 2011, 86 f.) erlangen können. Darauf, dass auch Schüler/-innen ein außerschulischer Blick in die Arbeits- und Berufswelt entgegenkommen könnte, deuten die von den Jugendlichen benannten Kriterien hin, die ihnen bei der Berufswahl wichtig sind (vgl. Abb. 6.2).

KRITERIEN BEI DER BERUFSWAHL*

Spaß an der Arbeit
Verhältnis zu Mitarbeitenden und Vorgesetzten
Vereinbarkeit mit dem Privatleben
Eigene Neigungen und Fähigkeiten
Abwechslung im Arbeitsalltag
Keine Überforderung/Überarbeitung
Weiterbildung/Weiterentwicklung
Krisensicherheit des Berufs
Selbstverwirklichung
Etwas Sinnvolles tun
Soziale Kontakte
Einkommen
Karriereaussichten/Aufstiegsmöglichkeiten
Beruflich auf Reisen sein

sehr bedeutsam ← → weniger bedeutsam

ungestützte Abfrage

Abb. 6.2: Kriterien bei der Berufswahl aus Sicht von Schüler/-innen (vgl. Calmbach et al. 2020, 243).

In der aktuellen Sinus-Studie (vgl. Calmbach et al. 2020) konnte herausgearbeitet werden, dass den Jugendlichen vor allem intrinsische sowie „weiche Faktoren" bei der eigenen Berufswahl wichtig sind (vgl. Calmbach et al. 2020, 242). Auffällig ist an den angegebenen Nennungen der Jugendlichen jedoch auch, dass Strukturen innerhalb eines Unternehmens wichtige Einflussfaktoren darstellen. So stellt das Verhältnis zu Mitarbeitenden und Vorgesetzten einen zentralen Stellenwert dar. Zusätzlich werden Anforderungen an den Berufsalltag gestellt, die aus Sicht der Unternehmen zentral sind. Der Beruf sollte aus Sicht der Jugendlichen vereinbar mit dem Privatleben sein und Abwechslung bieten. Zudem sollte das Unternehmen Chancen und Möglichkeiten zur Weiterbildung bzw. Weiterentwicklung zur Verfügung stellen. All diese Faktoren verdeutlichen erneut, dass die Unternehmen davon profitieren können, wenn sie sich mit der Perspektive der Jugendlichen, und damit auch potenziellen Beschäftigten, befassen. Auf diese Weise können sie gezielt auf Bedarfe der Jugendlichen eingehen. Zugleich sei darauf hingewiesen, dass auch die Jugendlichen angewiesen sind, sich über die Strukturen in Unternehmen und Betrieben vorab zu informieren. Die schulische Berufliche Orientierung kann hier für alle beteiligten Akteur/-innen eine gute Gelegenheit zum Austausch bieten.

6.3 Partizipationsmöglichkeiten der regionalen Wirtschaft an der schulischen Beruflichen Orientierung

Den öffentlichen und privaten Betrieben bzw. den potenziellen Arbeitgeber/-innen wird eine aktive „Verantwortungsübernahme als gestaltender Akteur im Prozess des Übergangs Schule-Beruf" (Brüggemann 2015, 19) zugesprochen. Die Notwendigkeit, sie in die Maßnahmen zur Beruflichen Orientierung einzubeziehen, wird auf politischer und administrativer Ebene betont. So heißt es bspw. in den Empfehlungen der Kultusministerkonferenz zur Beruflichen Orientierung an Schulen, dass „Kooperationen der Schulen mit Unternehmen und Hochschulen ausgebaut bzw. vertieft werden [sollen]" (Kultusministerkonferenz 2017, 3.). Auch soll „der direkte Übergang in eine (duale) Ausbildung als attraktiver Weg verstärkt ins Bewusstsein gerufen [werden]" (Kultusministerkonferenz 2017, 3). Im Einklang mit diesem Beschluss der Kultusministerkonferenz werden in den Erlassen zur Beruflichen Orientierung an Schulen der einzelnen Bundesländer verschiedene Maßnahmen aufgeführt, bei denen potenzielle Arbeitgeber/-innen einzubinden sind (vgl. Schröder et al. 2015, 18 ff.). Hierzu zählen neben Betriebspraktika, u. a. Praxistage in Unternehmen und Betriebserkundungen.

Die Bedeutung der Kooperation im Zuge der Beruflichen Orientierung wird jedoch auch von den Unternehmen betont. So fordern sie mit Blick auf die aus ihrer Sicht unrealistischen Berufsvorstellungen der Jugendlichen, dass die Berufliche Orientierung stärker ausgebaut und praxisorientierter gestaltet werden sollte (vgl. Deutscher Industrie- und Handelskammertag 2019, 11). Werden jedoch aktuelle Maßnahmen zur Gewinnung von Auszubildenden betrachtet (vgl. Abb. 6.3) fällt auf, dass 25 % der befragten Betriebe Kooperationen mit Schulen eingehen. 19 % der befragten Betriebe gaben an, dass sie Auszubildende als Ausbildungsbotschafter in Schulen entsenden. Nicht einmal die Hälfte der Unternehmen bietet Praktika an, wobei davon auszugehen ist, dass sich ein Teil der angebotenen Praktika nicht an Schüler/-innen richtet.

Die Ergebnisse der Umfrage des DIHK deuten darauf hin, dass die Möglichkeiten der Betriebe und Unternehmen, sich in die schulische Berufliche Orientierung einzubringen, nicht ausgeschöpft werden. Des Weiteren stellt sich aus Sicht der Arbeitgeber/-innen die Frage, wie sie ihre Einbeziehung in die schulische Berufliche

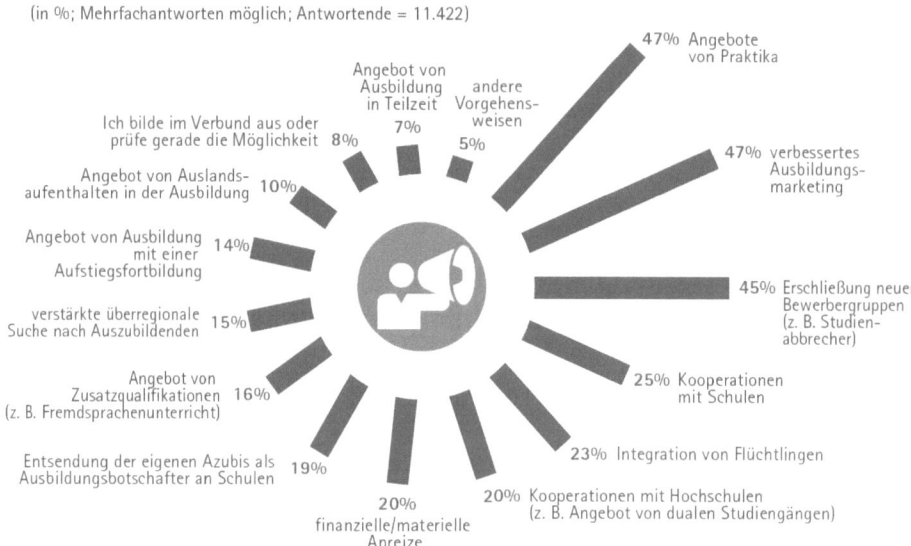

Abb. 6.3: Maßnahmen zur Gewinnung von Auszubildenden (Quelle: DIHK Ausbildungsumfrage 2019: 15. Abdruck mit freundlicher Genehmigung des Deutschen Industrie- und Handelskammertages e. V.).

Orientierung möglichst gut für die Gewinnung von (zukünftigen) Fachkräften nutzen können. Hieran schließen sich Fragen nach den konkreten Inhalten und Botschaften, die sie vermitteln wollen bzw. sollten, sowie nach den konkreten Maßnahmen und deren zeitlichen Verortung im Berufsorientierungsprozess an. Bei der Beantwortung dieser Fragen sind die unterschiedlichen Bedarfe sowie Erfahrungs- und Wissensstände der heterogenen Schüler(innen)schaft ebenso zu berücksichtigen wie der Umstand, dass der Berufsorientierungsprozess nicht mit der Beendigung der Schule und dem Erreichen eines Schulabschlusses abgeschlossen ist. Zudem ist zu betonen, dass die Interessen der potenziellen Arbeitgeber/-innen nicht immer mit dem Bildungsauftrag der allgemeinbildenden Schule und den daraus abgeleiteten Anforderungen an die schulische Berufliche Orientierung vereinbar sind (vgl. Abschnitt 6.4). Unter der Berücksichtigung dieser Voraussetzungen sollen im Folgenden wesentliche Möglichkeiten von Arbeitgeber/-innen, sich im Einklang mit den Bedarfen der Lernenden und dem Bildungsauftrag der allgemeinbildenden Schulen in die schulische Berufliche Orientierung sowie darüberhinausgehend in den Wirtschaftsunterricht einzubringen, systematisiert und beschrieben werden. Bei den Partizipationsmöglichkeiten der Unternehmen handelt es sich in aller erster Linie um Praxiskontakte.

6.3.1 Formen und Verortung von Praxiskontakten in der Beruflichen Orientierung

Praxiskontakte lassen sich hinsichtlich ihres Realitätsbezugs in verschiedene Formen unterteilen (vgl. Abb. 6.4).

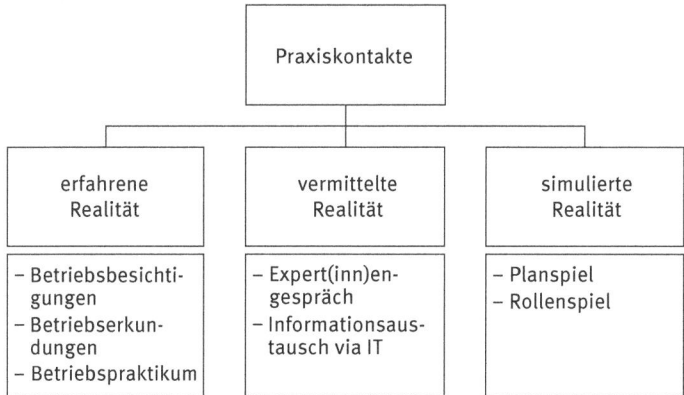

Abb. 6.4: Formen von Praxiskontakten, systematisiert nach Realitätsbezügen (Quelle: Kaminski et al. 2005, 83).

Zu Praxiskontakten in Form einer *erfahrenen Realität*, die sich durch ein „entdeckendes und ganzheitliches Lernen" auszeichnen (Kaiser und Kaminski 2012, 246), zählen vor allem Betriebserkundungen und Betriebspraktika. Das Betriebspraktikum spielt eine zentrale Rolle in der Beruflichen Orientierung und soll hierbei die Funktion erfüllen, „[...] den Berufswahlprozess mittels der Überprüfung oder Erweiterung von berufsbezogenen Interessen und Neigungen [zu] unterstützen" (Schudy 2002, 192). Der Einsatz von Betriebserkundungen beschränkt sich nicht nur auf die Berufliche Orientierung. Eine Erkundung kann vielmehr unter zahlreichen Problemstellungen im Wirtschaftsunterricht durchgeführt werden. Zielgruppe von Betriebserkundungen können nicht nur Schüler/-innen sein, sondern auch Eltern und Lehrpersonen.

Eine weitere Möglichkeit, spezifische Berufsfelder für die Schüler/-innen erfahrbar zu machen und darüber hinaus ihr Interesse an den entsprechenden Berufen zu fördern, ist, den Lernenden die Möglichkeit zu geben, berufstypische Tätigkeiten aktiv handelnd kennenzulernen. Dies kann beispielsweise in eigens dafür bereitgestellten Werkstätten erfolgen. Ein Vorteil eines solchen Praxiskontakts gegenüber eines Praktikums im Betrieb besteht darin, dass die Schüler/-innen die Tätigkeiten durch eigenes Handeln anstatt nur durch Beobachtung kennenlernen. Auch besteht bei einem Praktikum das Problem, dass die Lernenden oftmals (nur) Hilfstätigkeiten ausüben dürfen, was zu falschen Vorstellungen über den Beruf führen und letztlich abschreckend sein kann. Mit Blick auf diese Herausforderung wird deutlich, dass ein Praktikumsbetrieb ein mit den Lehrpersonen abgestimmtes Konzept benötigt. Arbeitgeber/-innen sollten daher, wenn möglich, auf vorliegende Handreichungen für ein Schüler(innen)praktikum zurückgreifen (vgl. Bundesagentur für Arbeit und Netzwerk SCHULEWIRTSCHAFT Deutschland 2018). Trotz der Herausforderungen bietet das Praktikum sowohl aus Sicht der Schüler/-innen als auch aus der des Betriebs zahlreiche Potenziale (vgl. Pätzold 2008, 599). Auch, wenn die Lernenden teilweise nur eingeschränkt berufstypische Tätigkeiten ausüben können, können sie im Rahmen eines Praktikums ihre Fähigkeiten ausprobieren und ggf. auch „Aufgaben mit begrenzter Verantwortung" (vgl. Pätzold 2008, 599) übernehmen. Auch bieten Praktika Einblicke in den Arbeitsalltag und in reale berufliche Anforderungen, die durch den Besuch der oben beschriebenen Werkstätten nur bedingt ermöglicht werden können. Dadurch können die Schüler/-innen mögliche unzutreffende Vorstellungen oder Vorurteile zu bestimmten Berufen, der Branche oder dem Betrieb korrigieren. Angemessene berufsbezogene Vorstellungen sind mit Blick auf den Umstand, dass unrealistische Vorstellungen über die Berufsrealität zu einem erhöhten Risiko eines Ausbildungsabbruches führen, bedeutsam (vgl. Richter 2016, 34). Aus Sicht des Betriebs bietet ein Praktikum wiederum die Möglichkeit, den Schüler/-innen ihre Erwartungen und Ansprüche zu verdeutlichen.

Betriebspraktika sind sowohl für die Betriebe als auch für die Lehrpersonen und Schüler/-innen mit einem nicht zu unterschätzenden zeitlichen und ggf. auch finanziellen Aufwand verbunden. Vor diesem Hintergrund sollten Betriebe den Jugendlichen auch weitere (betriebliche) Erfahrungsmöglichkeiten bieten. Als Beispiel kann das sogenannte Shadowing genannt werden, bei dem ein Lernender eine/n Auszubildende/n oder Mitarbeitenden einen Tag lang begleitet und beobachtend (als dessen Schatten) am Arbeitstag teilnimmt (vgl. Bundesarbeitsgemeinschaft SCHULEWIRTSCHAFT 2012, 10 f.). Auch andere arbeitsweltliche Kontakte, wie z. B. Ferienarbeit, können betriebliche Erfahrungen ermöglichen (vgl. Deeken und Butz 2010, 32).

Die *vermittelte Realität* kann im Rahmen der Beruflichen Orientierung u. a. mithilfe von Expert(inn)engesprächen hergestellt werden. Hierbei „treten die Lernenden mit außerschulischen Praxispartner/-innen in direkte Interaktion" (Kaminski et al. 2005, 86). Entscheidend ist bei Expert(inn)engesprächen, dass diese sowohl außerhalb als auch in der Schule durchgeführt werden können. In der Regel findet ein solches Gespräch im Rahmen der Beruflichen Orientierung mit Personalverantwortlichen oder Auszubildenden aus der Region statt. Die Schüler/-innen können mithilfe einer intensiven Vorbereitung sowohl interessengebundene als auch fachliche Fragen stellen. Expert(inn)enbefragungen sind auch unabhängig von der Beruflichen Orientierung eine weitverbreitete Unterrichtsmethode im Wirtschaftsunterricht. In diesem Zusammenhang können Vertreter/-innen von regionalen Arbeitgeber/-innen als Expert/-innen auch zu anderen Themen in den Unterricht eingebunden werden.

Mittels der *simulierten Realität* wird eine „modelltheoretische Abbildung" (Kaminski et al. 2005, 88) eines Realitätsausschnitts ermöglicht, die im Klassenraum bspw. im Rahmen eines Planspiels bzw. Rollenspiels durchgeführt werden kann. Hierbei können bspw. Verhaltensregeln für ein Bewerbungsgespräch o. Ä. eingeübt werden (vgl. ebd.). Auch Praxiskontakte im Form simulierter Realität können in zahlreichen inhaltlichen Kontexten durchgeführt werden. Beispielsweise können im Unterricht Beratungsgespräche simuliert werden, bei denen der/die Unternehmensvertreter/-in in seiner/ihrer Rolle als Berater/-in bzw. Verkäufer/-in eine Dienstleistung eingebunden ist.

Die Partizipationsmöglichkeiten der Unternehmen an der schulischen Beruflichen Orientierung können – das kann an dieser Stelle zusammenfassend festgehalten werden – über die „klassischen" Maßnahmen, wie z. B. Berufserkundungen oder Schüler(innen)praktika hinausgehen.

Inhaltlich können sich (regionale) Arbeitgeber/-innen über die Berufliche Orientierung (z. B. Bereitstellung von Informationen über Ausbildungsberufe) hinausgehend in der Schule einbringen, denn der regionale Wirtschaftsraum ist ein wichtiger Anknüpfungspunkt im Wirtschaftsunterricht. Beispielsweise können sie als Praxiskontaktpartner/-innen bzw. Expert/-innen zu zahlreichen Themen, die in verschiedenen Fächern behandelt werden, fungieren. Neben betriebswirtschaftlichen Inhalten, wie bspw. dem betrieblichen Leistungsprozess, bieten sich auch zahlreiche weitere Themen des Wirtschaftsunterrichts für Praxiskontakte mit Unternehmen an (vgl. Kaminski et al. 2005, 91). Beispiele sind Themen wie Strukturwandel, Rahmenbedingungen unternehmerischen Handelns oder internationaler Handel. Diese über die Berufliche Orientierung hinausgehenden Praxiskontakte sind aus Sicht der Unternehmen und Betriebe der Region mit Blick auf die Gewinnung zukünftiger Fachkräfte in zumindest zweifacher Hinsicht interessant. So werden die Schüler/-innen durch den Praxiskontakt auf das Unternehmen und die Branche und damit verbunden auf die entsprechenden Berufe aufmerksam. Zweitens bietet auch ein Praxiskontakt fernab der Beruflichen Orientierung dem Unternehmen oder der Institution die Möglichkeit, die Schüler/-innen kurz über Ausbildungs- und Beschäftigungsmöglichkeiten in der Region zu informieren.

Mit diesen über die Berufliche Orientierung hinausgehenden inhaltlichen Einbringungsmöglichkeiten der Arbeitgeber/-innen in den (Wirtschafts-)Unterricht geht einher, dass sich die Unternehmen auch vor, neben und nach der Durchführung von beruflichen Orientierungsmaßnahmen in den Unterricht einbringen können. Auch sollten Arbeitgeber/-innen bedenken, dass der (individuelle) berufliche Orientierungsprozess mit der Beendigung der schulischen Maßnahmen noch nicht abgeschlossen ist (vgl. Fletemeyer und Lembke 2021). Arbeitgeber/-innen sollten sich daher auch in der außerschulischen Beruflichen Orientierung engagieren. Beispielsweise sollte der Kontakt zu ehemaligen Schüler/-innen, die bspw. die Region verlassen haben, gepflegt werden.

6.3.2 Unterrichtliche Realisierung von Praxiskontakten

Praxiskontakte sind – das ist eine zentrale fachdidaktische Anforderung – systematisch in den Unterricht bzw. in die Maßnahmen zur Beruflichen Orientierung einzubetten (vgl. Loerwald 2011, 86, siehe auch Abb. 6.5). Aus dieser Anforderung folgt die Not-

Angebot an Praxiskontakten für den (Wirtschafts-)Unterricht
(mögliche zeitliche Verordnung in den Jahrgangsstufen)

Abb. 6.5: Angebot an Praxiskontakten für den (Wirtschafts-)Unterricht, mögliche zeitliche Verordnung in den Jahrgangsstufen (in Anlehnung an Niedersächsisches Kultusministerium 2017, 13).

wendigkeit, einen Praxiskontakt im Unterricht systematisch vor- und nachzubereiten (vgl. Kaminski et al. 2005, 100 ff.). Hierbei ergeben sich für die außerschulischen Partner/-innen verschiedene Kooperationsmöglichkeiten bei der unterrichtlichen Vorbereitung, Durchführung oder Nachbereitung des Praxiskontakts (vgl. Abb. 6.6).

Ausgangspunkt eines Praxiskontakts sollte eine inhaltliche Problemstellung sein, zu deren Bearbeitung der Praxiskontakt einen Beitrag leisten soll. Die mit Blick auf die Problemstellung relevanten fachlichen Inhalte müssen im Rahmen der *Vorbereitung* des Praxiskontakts im Unterricht erarbeitet werden. Aus Sicht eines Praxiskontakt-

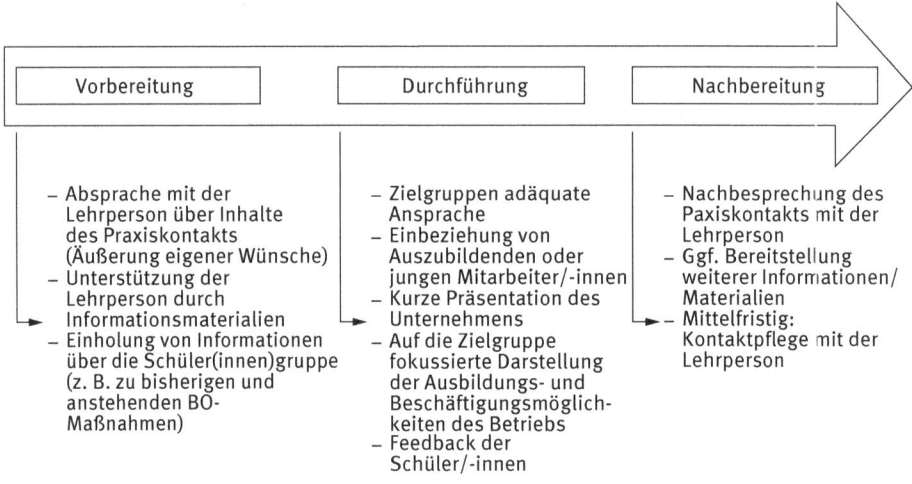

Abb. 6.6: Systematische Einbindung eines Praxiskontaktes in den Fachunterricht.

partners bzw. Praxiskontaktpartnerin bietet sich hier die Möglichkeit an, der Lehrperson (Informations-)Materialien zur Verfügung zu stellen. Grundsätzlich sollten Praxiskontaktpartner/-innen und Lehrperson die Inhalte und Ziele des Praxiskontakts im Vorhinein besprechen und hierbei auch die jeweiligen Wünsche, Vorstellungen und Ideen einbringen und Interessen offenlegen. Für eine zielgruppenadäquate Durchführung des Praxiskontakts sollten die Arbeitgeber/-innen Informationen über die Schulklasse einholen. Hierbei geht es explizit *nicht* um personenspezifische Angaben, wie bspw. artikulierte Berufswünsche oder Adressdaten der Schüler/-innen. Vielmehr sollten allgemeine Informationen zum Wissensstand der Lernenden oder zu bereits erfolgten oder noch geplanten Berufsorientierungsmaßnahmen eingeholt werden, die die Praxispartner/-innen bei der Durchführung des Praxiskontakts berücksichtigen sollten.

Mit Blick auf die *Durchführung* des Praxiskontakts ist hervorzuheben, dass die Lehrperson die „Regie" und damit die unterrichtliche Verantwortung hat. Praxispartner/-innen sollen nicht die Rolle der Lehrperson übernehmen, sondern vielmehr als Experte bzw. Expertin fungieren. Die Aktivitäten der Lehrperson und der Praxispartner/-innen sollten komplementär aufeinander bezogen sein (vgl. zur Durchführung von Praxiskontakten Kaminski et al. 2005, 100 f.). Zudem muss auf gezielte Werbung im Rahmen eines Praxiskontakts *grundsätzlich* verzichtet werden. Des Weiteren ist aus Sicht der Praxispartner/-innen zu bedenken, dass die Präsentation des Unternehmens bzw. der Institution zu der Zielgruppe (Schüler/-innen) passt. Dies bezieht sich sowohl auf die Inhalte als auch auf die personelle Dimension. So sollten nach Möglichkeit auch Auszubildende bzw. Dualstudierende oder jüngere Mitarbeiter/-innen in den Praxiskontakt einbezogen werden. Auch die Auswahl der vorgestellten Ausbildungs- und Beschäftigungsmöglichkeiten sollten zu der Zielgruppe passen.

Praxispartner/-innen können Lehrpersonen auch bei der unterrichtlichen *Nachbereitung* des Praxiskontakts unterstützen. In diesem Rahmen können bspw. weitere Materialien bzw. Informationen zur Verfügung gestellt werden. Im Nachgang sollte immer ein Feedback von Lehrpersonen und Schüler/-innen eingeholt werden. Auch sollte der Kontakt zu den Lehrpersonen bzw. der Schule gepflegt werden.

6.4 Herausforderungen für Unternehmen in der schulischen Beruflichen Orientierung

Es konnte gezeigt werden, dass außerschulische Lernorte ein großes Potenzial bieten, den beruflichen Orientierungsprozess der Schüler/-innen zu unterstützen. Gleichwohl existiert in der einschlägigen Literatur derzeit ein Ungleichgewicht bei der Betrachtung der jeweiligen Akteure. So wird das Themenfeld der Beruflichen Orientierung fast ausschließlich aus der schulischen Perspektive in den Blick genommen (vgl. Brüggemann 2015; Jung 2013). Dass auch die betriebliche Perspektive immer zentraler werden sollte, zeigen die dargestellten Entwicklungen auf dem Arbeitsmarkt (vgl.

Abschnitt 6.1). Übertragen auf die aktuelle Situation auf dem Arbeitsmarkt zeigt sich, dass „sowohl die Besetzungs- als auch die Versorgungsprobleme" wachsen und infolgedessen „auch die Passungsprobleme" zunehmen (Matthes und Ulrich 2014, 5). Auch künftig wird sich die Anzahl an Schulabsolvent/-innen aufgrund des demografischen Wandels stetig verringern, was seitens der Betriebe zu einem regelrechten „war for talents" führen wird, der bereits heute begonnen hat (Brüggemann und Deuer 2015, 9). Demgegenüber stehen Jugendliche, die ihre Ausbildungsverträge noch vor Abschluss auflösen.

Brüggemann (2015) spricht den Betrieben eine aktive „Verantwortungsübernahme als gestaltende[r] Akteure im Prozess des Übergangs Schule-Beruf" (Brüggemann 2015, 19) zu. Als betriebliche Berufsorientierung definiert er „sämtliche Initiativen und Aktivitäten, [...], die die berufliche Orientierung von angehenden, aktiven oder ausscheidenden Mitarbeiter/-innen unterstützen". Die Verantwortung für den beruflichen Orientierungsprozess sollten sich die Schule und die Betriebe teilen, da die Handlungsfelder „nicht trennscharf und fließend" sind (Brüggemann 2015, 19). An dieser Stelle stellt sich jedoch die Frage, wie die Betriebe an dem Orientierungsprozess partizipieren können. Wie in Abschnitt 6.3 gezeigt werden konnte, geben die verschiedenen Ausprägungsformen von Praxiskontakten eine ideale Möglichkeit, das duale Ausbildungssystem als solches kennenzulernen, aber auch Einblicke in spannende Ausbildungsberufe zu erhalten. Dennoch zeigt sich seitens der Betriebe ein ambivalentes Bild. Im Zuge einer DIHK-Umfrage gaben 47 % der befragten Betriebe an, dass Jugendliche über nicht realistische Berufsvorstellungen verfügen, die das Ausbilden erschweren (vgl. Deutscher Industrie- und Handelskammertag 2019, 11). Sie fordern daher, dass die Berufsorientierung stärker ausgebaut und praxisorientierter gestaltet werden sollte (vgl. Deutscher Industrie- und Handelskammertag 2019, 11).

Obgleich die Potenziale einer Kooperation von Betrieben und Schulen im Zuge der regionalen Fachkräftebindung auf der Hand liegen, stehen die Betriebe und Unternehmen vor verschiedenen Herausforderungen. Diese lassen sich zum einen auf Vorbehalte seitens der Institution Schule, zum anderen auf organisatorische Abläufe in Unternehmen (vor allem KMUs) zurückführen. Die Sichtbarkeit bzw. Einbindung von verschiedenen Unternehmen kann zudem sowohl von Lehrpersonen als auch von den Eltern kritisch betrachtet werden. Die Maßnahmen mit Betrieben werden teilweise als rein beeinflussende Werbemaßnahmen oder als Lobbyismus charakterisiert. Selbstverständlich sollte die Einbindung außerschulischer Partner bzw. Partnerinnen nicht mit einer Beeinflussung der Schüler/-innen einhergehen. Vielmehr macht dieser Aspekt noch einmal darauf aufmerksam, dass die beiden Instanzen – Schule und außerschulische Kooperationspartner – noch enger zusammenarbeiten sollten. Die Schüler/-innen benötigen einen didaktischen Referenzrahmen, um die gemachten Erfahrungen in oder mit den Unternehmen reflektieren sowie einordnen zu können. Hierbei haben die Lehrpersonen in Abstimmung mit den Kooperationspartner/-innen mit der unterrichtlichen Vor- und Nachbereitung solcher Maßnahmen (vgl. Abschnitt 6.3.2) einen wesentlichen Anteil am Gelingen dieser (vgl. Schröder et al.

2018). Häufig wird bei der Kooperation mit Unternehmen jedoch „vielfach übersehen, dass Betriebe vorrangig betriebswirtschaftlichen Handlungslogiken folgen und weder Sozial- noch Bildungseinrichtungen sind" (Deeken und Butz 2010, 32). Häufig sind hiermit auch „anspruchsvollen didaktischen Konzepten des Erfahrungserwerbs im berufspraktischen Umfeld oft enge Grenzen gesetzt" (Deeken und Butz 2010, 32 f.).

Viele Schulen verfügen heute über einen ausgeprägten Pool an Kooperationspartner/-innen. Gleichwohl fühlen sich die Lehrpersonen durch eine große Angebotsvielfalt zunehmend überfordert, was darauf hinweist, „dass sich die Lehrpersonen nicht hinreichend auf die Bewertung der Nützlichkeit der Angebote vorbereitet fühlen" (Schröder et al. 2018, 187). Zudem finden externe Kooperationen häufig neben dem Unterricht statt. Nur selten wird ein Praxiskontakt adäquat im Unterricht vor- und nachbereitet. Die Lehrpersonen fokussieren in diesem Zusammenhang lediglich organisatorische Vorbereitungen, die jedoch nicht in den Fachunterricht eingebunden werden (vgl. Schröder et al. 2018, 189).

Auf der anderen Seite bedeutet die Kooperation mit Schulen auch, dass hiermit für die Unternehmen und Betriebe ein zusätzlicher Arbeitsaufwand verbunden ist. Für die Zusammenarbeit müssen bspw. Personalverantwortliche oder Auszubildende freigestellt werden, die dann als Arbeitskräfte im Unternehmen fehlen. Dies stellt insbesondere kleinere Betriebe vor größere Herausforderungen. Häufig fehlt es ebenfalls an Personal, welches zugleich auch über pädagogische Qualifikationen verfügt. Die geschilderten Herausforderungen verdeutlichen noch einmal, dass sich die Potenziale einer Kooperation zwischen der Schule und außerschulischen Partnern nur Hand in Hand entfalten können.

6.5 Fazit und Ausblick

Die Kooperation zwischen Arbeitgeber/-innen und Schulen bietet, wenn sie fachdidaktisch angemessen umgesetzt wird, für alle Beteiligten diverse Potenziale. Die Schüler/-innen werden in ihrem individuellen beruflichen Orientierungsprozess unterstützt. Die Unternehmen haben zum einen die Möglichkeit, sich als potenzielle Arbeitgeber/-innen zu präsentieren sowie die berufliche Attraktivität der eigenen Region herauszustellen. Zum anderen können sie Schüler/-innen als zukünftige Auszubildende bzw. Arbeitnehmer/-innen gewinnen und auf diese Weise dem (regionalen) Fachkräftemangel entgegenwirken.

Entscheidend für die Realisierung der Potenziale von Praxiskontakten im Rahmen der Beruflichen Orientierung ist ein abgestimmtes Vorgehen von Schule und Arbeitgeber/-innen. Dazu, inwieweit und inwiefern diese Voraussetzung in der (schulischen) Realität erfüllt sind oder welche Hürden und Herausforderungen aus Sicht der Akteure bestehen, liegen bis dato allerdings nur vage wissenschaftliche (empirische) Untersuchungen vor (vgl. Deeken und Butz 2010; Brüggemann und Deuer 2015). Erkenntnisse solcher Studien könnten allerdings Ansatzpunkte für eine gelingende

Kooperation bieten. Vor diesem Hintergrund sollten u. a. folgende Desiderate angegangen werden:
- Die Sichtweise der Unternehmen spielt im Zuge der verschiedenen Kooperationsmöglichkeiten in der einschlägigen Literatur nur eine untergeordnete Rolle. An dieser Stelle wären weiterführende Studien denkbar und wertvoll, die die Sichtweise bzw. die Herausforderungen und Hürden der Betriebe im Zuge des Engagements in der schulischen Beruflichen Orientierung näher in den Blick nehmen. Auf diese Weise könnten Hürden in der Kooperation gezielt abgebaut werden, was den positiven Effekt dieser noch weiter verstärkt und einen Beitrag dazu leistet, den regionalen Fachkräftebedarf einzudämmen.
- Ebenfalls sollten die Vorstellungen der Lehrpersonen im Zuge der Kooperation mit außerschulischen Kooperationspartner/-innen stärker in den Blick genommen werden. Nur wenn die Sichtweisen der Lehrpersonen, die u. a. Praxiskontakte im Unterricht vor- und nachbereiten, bekannt sind, können Lehrmaterialien entwickelt und zur Verfügung gestellt werden, die an konkreten Bedarfen anknüpfen. Gleichzeitig kann diese Vorgehensweise die Akzeptanz der bereitgestellten Materialien fördern.
- Mit Blick auf die verschiedenen Formen von Praxiskontakten stellt sich die Frage nach deren Effekt auf den individuellen Berufswahlstatus der Schüler/-innen. Daher sollte die Wirksamkeit zentraler Maßnahmen der Beruflichen Orientierung (z. B. Praktikum, Betriebserkundung) auf ihre Wirkung untersucht werden. Neben quantitativen Erhebungen könnten hierbei auch die individuellen Sichtweisen der Schüler/-innen (qualitativ) erfasst werden.

Wie aus den vorangegangenen Ausführungen deutlich wurde, bieten Kooperationsmaßnahmen zwischen Betrieben und Schulen, bspw. in Form von Praxiskontakten, zahlreiche Vorteile für alle am Prozess beteiligten Personen. Mithilfe von Praxiskontakten kann der berufliche Orientierungsprozess der Schüler/-innen maßgebend bereichert werden. Hierbei können u. a. berufspraktische Erfahrungsräume erfahrbar gemacht werden, die ohne diese Art der Realisierung nicht ermöglicht werden können. Neben diesem Effekt kann eine Kooperation mit regionalen Partner/-innen die Attraktivität der Region stärken und auf diese Weise dem regionalen Fachkräftemangel ansatzweise entgegenwirken.

6.6 Literaturverzeichnis

Borgstedt, S. 2020. „Sinus Jugendbefragung: Kinderbetreuung und Pflege – attraktive Berufe?" www.bmfsfj.de/blob/158240/dddec08758972ec83d43f233d90fc8d7/20200607-sinus-jugendbefragung-data.pdf (letzter Aufruf: 27.03.2021).

Benner, D. 2002. „Die Struktur der Allgemeinbildung im Kerncurriculum moderner Bildungssysteme. Ein Vorschlag zur bildungstheoretischen Rahmung von PISA". *Zeitschrift für Pädagogik* 48 (1): 68–90.

Brüggemann, T., M. Krüger-Portratz und S. Rahn 2011. „Editorial zum Schwerpunktthema: Berufsorientierung als schulisches Handlungsfeld". *Die Deutsche Schule DDD Zeitschrift für Erziehungswissenschaft, Bildungspolitik und pädagogische Praxis* 103 (4): 293–6.
Brüggemann, T. und E. Deuer 2015. *Berufsorientierung aus Unternehmenssicht, Fachkräfterekrutierung am Übergang Schule – Beruf*. Bielefeld: Bertelsmann.
Brüggemann, T. 2015. „Betriebliche Berufsorientierung". In *Berufsorientierung aus Unternehmenssicht, Fachkräfterekrutierung am Übergang Schule – Beruf*, editiert von T. Brüggemann und E. Deuer, 17–23. Bielefeld: Bertelsmann.
Büchter, K. und G. Christe 2014. „Berufsorientierung: Widersprüche und offene Fragen". *BWP. Berufsbildung in Wissenschaft und Praxis* 43 (1): 12–5.
Bundesagentur für Arbeit und Netzwerk SCHULEWIRTSCHAFT Deutschland 2018. „Checklisten für ein erfolgreiches Schülerbetriebspraktikum". https://www.arbeitsagentur.de/datei/checkliste-schuelerpraktikum_ba018174.pdf (letzter Aufruf: 02.10.2022)
Bundesagentur für Arbeit 2019. „Ausbildungsmarkt – Die aktuellen Entwicklungen im Berichtsjahr 2019/2020 in Kürze". https://statistik.arbeitsagentur.de/DE/Navigation/Statistiken/Fachstatistiken/Ausbildungsmarkt/Aktuelle-Eckwerte-Nav.html;jsessionid=5BB00D48C5FA3EACFB3E1BDE9FE24B3A (letzter Aufruf: 27.03.2021).
Bundesarbeitsgemeinschaft SCHULEWIRTSCHAFT. 2012. „Berufsorientierung mal anders. (Aus)Bildung im Blick!" www.schulewirtschaft.de/www/schulewirtschaft.nsf/res/1E1A71411192364AC1257A770051385F/\protect\T1\textdollarfile/SW_Berufsorientierung_mal_anders.pdf (letzter Aufruf: 27.03.2021).
Bundesministerium für Bildung und Forschung 2018. „Berufsbildungsbericht 2018". www.bmbf.de/upload_filestore/pub/Berufsbildungsbericht_2018.pdf (letzter Aufruf: 27.03.2021).
Bundesministerium für Verkehr und Digitale Infrastruktur. 2015. „Sicherung des Fachkräfteangebotes im ländlichen Raum". www.bbsr.bund.de/BBSR/DE/veroeffentlichungen/ministerien/moro-praxis/2015/DL_MORO_Praxis_1_15.pdf?__blob=publicationFile&v=2 (letzter Aufruf: 27.03.2021).
Burstedde, A., G. Kolev und J. Matthes 2018. „Wachstumsbremse Fachkräfteengpässe". www.iwkoeln.de/fileadmin/user_upload/Studien/Kurzberichte/PDF/2018/IW-Kurzbericht_2018_27_Wachstumsbremse_Fachkraefteengpaesse.pdf (letzter Aufruf: 27.03.2021).
Burstedde, A. und D. Werner 2019. *Von Abwanderung betroffene Arbeitsmärkte stärken*. IW-Report Nr. 26. www.iwkoeln.de/fileadmin/user_upload/Studien/Report/PDF/2019/IW-Report_2019_Binnenwanderung.pdf (letzter Aufruf: 27.03.2021).
Burstedde, A., S. Seyda, L. Malin, P. Risus, A. Jansen, R. Flake und D. Werner 2020. „Versorgungsrelevante" Berufe in der Corona-Krise. Fachkräftesituation und Fachkräftepotenziale in kritischen Infrastrukturen". www.kofa.de/fileadmin/Dateiliste/Publikationen/Studien/Versorgungsrelevante_Berufe_Corona-Krise_1_2020.pdf (letzter Aufruf: 27.03.2021).
Burstedde, A. und S. Seyda 2020. „Wo Arbeitgeber besonders attraktiv sein müssen". www.iwkoeln.de/fileadmin/user_upload/Studien/Kurzberichte/PDF/2020/IW-Kurzbericht_2020_Fachkraefteengpaesse.pdf (letzter Aufruf: 27.03.2021).
Butz, B. 2008. „Grundlegende Qualitätsmerkmale einer ganzheitlichen Berufsorientierung". In *Berufsorientierung als Prozess, Persönlichkeit fördern, Schule entwickeln, Übergang sichern. Ergebnisse aus dem Programm „Schule – Wirtschaft/Arbeitsleben"*, editiert von G. E. Famulla, 42–62. Baltmannsweiler: Schneider.
Calmbach, M., B. Flaig, J. Edwards, H. Möller-Slawinski, I. Borchard und C. Schleer 2020. „Wie ticken Jugendliche? 2020, Lebenswelten von Jugendlichen im Alter von 14 bis 17 Jahren in Deutschland. Sinus Studie". www.bpb.de/shop/buecher/schriftenreihe/311857/sinus-jugendstudie-2020-wie-ticken-jugendliche?blickinsbuch (letzter Aufruf: 27.03.2021).

Deeken, S. und B. Butz 2010. „Expertise Berufsorientierung. Beitrag zur Persönlichkeitsentwicklung". www.ueberaus.de/wws/bin/21988766-22751134-1-expertise_berufsorientierung_web.pdf (letzter Aufruf: 27.03.2021).

Deutscher Industrie- und Handelskammertag 2019. „Ausbildung 2019. Ergebnisse einer DIHK-Online-Unternehmensbefragung". www.dihk.de/resource/blob/10074/a34c93fa0d1ea9989fe37a357e9bd3dc/dihk-umfrage-ausbildung-2019--data.pdf (letzter Aufruf: 27.03.2021).

Dörpinghaus, A., A. Poentisch und L. Wigger (2006) 2008. *Einführung in die Theorie der Bildung*. Darmstadt: WBG.

Driesel-Lange, K., B. Kracke, H. Ernst und N. Kunz 2013. „Das Thüringer Berufsorientierungs-modell: Charakteristika und Bewährung". In *Berufsorientierung. Ein Lehr- und Arbeitsbuch*, editiert von T. Brüggemann und S. Rahn, 281–97. Münster: Waxmann.

Driesel-Lange, K., B. Kracke, E. Hany und N. Kunz 2020. „Entwicklungsaufgabe Berufswahl. Ein Kompetenzmodell zur Systematisierung berufsorientierender Begleitung". In *Berufsorientierung. Ein Lehr- und Arbeitsbuch*, editiert von T. Brüggemann und S. Rahn, 57–72. Münster: Waxmann.

Fletemeyer, T. und S. Friebel-Piechotta 2019. „Regionale Bezüge im Rahmen der Beruflichen Orientierung und des Wirtschaftsunterrichts: Potenziale und Herausforderungen". In *Berufliche Orientierung in der Schule. Gegenstand der ökonomischen Bildung*, editiert von R. Schröder, 143–61. Wiesbaden: Springer Verlag.

Fletemeyer, T. und R. Lembke 2021. „Berufliche Orientierung". In *Handbuch Studienberatung des deutschen Verbandes für Bildungs- und Berufsberatung e. V.*, editiert von T. Grüneberg, L. Lutz, I. Blaich, J. Egerer, B. Knickrehm, R. Thiel, U. Nachtigäller und M. Liebchen. Bielefeld: utb.

Heymann, H. W. 2013. *Allgemeinbildung und Mathematik*. Weinheim und Basel: Beltz.

Jung, E. 2013. „Didaktische Konzepte der Studien- und Berufsorientierung für die Sekundarstufe I und II". In *Berufsorientierung, ein Lehr- und Arbeitsbuch*, editiert von T. Brüggemann und S. Rahn, 298–314. Münster: Waxmann.

Kaiser, F. J. und H. Kaminski (1994) 2012. *Methodik des Ökonomieunterrichts. Grundlagen eines handlungsorientierten Lernkonzepts mit Beispielen*. Bad Heilbrunn: utb Klinkhardt.

Kaminski, H., G. J. Krol, K. Eggert, M. Koch, D. Loerwald und A. Zoerner 2005. *Praxiskontakte. Zusammenarbeit zwischen Schule und Wirtschaft*. Braunschweig: Westermann Verlag.

Kaminski, H. 2017. *Fachdidaktik der ökonomischen Bildung*. Stuttgart: Utb Schöningh.

Kempermann, H. 2015. „Fachkräftebedarf der Unternehmen im ländlichen Raum". In *Fachkräftesicherung im ländlichen Raum*, editiert von S. Franke, 19–27. München: Hanns-Seidel-Stiftung e. V.

Kettner, A. 2012. „Fachkräftemangel – Fakt oder Fiktion? Empirische Analysen zum betrieblichen Fachkräftebedarf in Deutschland". Dissertation. Technische Universität Berlin.

Kompetenzzentrum Fachkräftesicherung 2019. „Regionale Engpässe, Drohender Fachkräftemangel? – Wo Arbeitgeber attraktiver sein müssen". www.kofa.de/fachkraefteengpaesse-verstehen/regionale-engpaesse (letzter Aufruf: 27.03.2021).

Kompetenzzentrum Fachkräftesicherung 2020. „Fachkräftereport für April 2020 – Corona-Spezial". www.kofa.de/fileadmin/Dateiliste/Publikationen/KOFA_Kompakt/Fachkraeftereport_Corona_Spezial.pdf (letzter Aufruf: 27.03.2021).

Kräußlich, B. und S. Schwanz 2017. „Fachkräftesicherung im ländlichen Raum. Wirtschaft erleben – Menschen binden". *Zeitschrift für Angewandte Geographie* 41 (3): 195–201.

Kultusministerkonferenz (KMK) 2017. „Empfehlung zur Beruflichen Orientierung an Schulen. Beschluss der Kultusministerkonferenz vom 07.12.2017". www.kmk.org/fileadmin/Dateien/veroeffentlichungen_beschluesse/2017/2017_12_07-Empfehlung-Berufliche-Orientierung-an-Schulen.pdf (letzter Aufruf: 27.03.2021).

Loerwald, D. 2011. „Praxiskontakte Wirtschaft". In *Methodentraining für den Ökonomieunterricht*, Vol. 2, editiert von T. Retzmann, 81–100. Schwalbach: Wochenschau Verlag.

Malin, L., A. Jansen, S. Seyda und R. Flake 2019. „Fachkräfteengpässe in Unternehmen – Fachkräftesicherung in Deutschland – diese Potenziale gibt es noch". www.kofa.de/fileadmin/Dateiliste/Publikationen/Studien/Fachkraefteengpaesse_2019_2.pdf (letzter Aufruf: 27.03.2021).

Matthes, S. und J. G. Ulrich 2014. „Wachsende Passungsprobleme auf dem Ausbildungsmarkt". *Zeitschrift des Bundesinstituts für Berufsbildung* 43 (1): 5–7.

Mischler, T. 2014. „Abbruch oder Neuorientierung?" *Zeitschrift des Bundesinstituts für Berufsbildung* 43 (1): 44–8.

Nentwig, L. 2018. „Berufsorientierung als unbeliebte Zusatzaufgabe in der Inklusion? Eine Studie zur Bedeutsamkeit der professionellen Handlungskompetenz unter Fokussierung der motivationalen, volitionalen und sozialen Bereitschaften von Lehrpersonen zum Engagement in der inklusiven Berufsorientierung". Dissertation. Technische Universität Dortmund.

Niedersächsisches Kultusministerium 2017. „Berufs- und Studienorientierung. Musterkonzept mit Handreichungen". www.mk.niedersachsen.de/download/110660/Musterkonzept_mit_Handreichungen_-_Berufs-_und_Studienorientierung_2017.pdf (letzter Aufruf: 27.03.2021).

Pätzold, G. 2008. „Übergang Schule – Berufsausbildung". In *Handbuch der Schulforschung*, editiert W. Helsper und J. Böhme, 593–610. Wiesbaden: Springer Verlag.

Pfundstein, T. und M. Bemsch 2020. „Vom Markt und den Sorgen – sollen individuelle Pflegeleistungen kommunal gesteuert werden?" In Pflege-Report 2020, editiert von K. Jacobs, A. Kuhlmey, S. Greß, J. Klauber und A. Schwinger, 149–164. Berlin: Springer Open.

Retzmann, T. und S. Spitzner 2019. „Wandel der Arbeitswelt – Zum Nutzen außerschulischer Lerngelegenheiten für die Orientierung in historischen, gegenwärtigen und zukünftigen Arbeitswelten". In *Berufliche Orientierung in der Schule. Gegenstand der ökonomischen Bildung*, editiert von R. Schröder, 123–141. Wiesbaden: Springer Verlag.

Richter, M. 2016. *Berufsorientierung von HauptschülerInnen. Zur Bedeutung von Eltern, Peers und ethnischer Herkunft*. Wiesbaden: Springer Verlag.

Schröder, R., R. Stabbert, B. Faulborn, J. Gründer und I. Geriets 2015. „Reformen zur Berufsorientierung auf Bundes- und Landesebene im Zeitraum 2004–2015". www.bertelsmann-stiftung.de/fileadmin/files/BSt/Publikationen/GrauePublikationen/LL_GP_ReformenBeruf_final_150622.pdf (letzter Aufruf: 27.03.2021).

Schröder, R., R. Lembke und T. Fletemeyer 2018. „Konzeptionelle Gestaltung der Berufs- und Studienorientierung in gymnasialen Schulformen. Eine qualitative Studie zur unterrichtlichen und außerunterrichtlichen Realisierung". In *Jahrbuch der berufs- und wirtschaftspädagogischen Forschung*, editiert von E. Wittmann, D. Frommberger und B. Ziegler, 179–193. Leverkusen-Opladen: Barbara Budrich.

Schröder, R. und T. Fletemeyer 2019. „Berufliche Orientierung im allgemeinbildenden Schulwesen vor dem Hintergrund bildungstheoretischer und schulpädagogischer Aspekte". In *Berufliche Orientierung in der Schule. Gegenstand der ökonomischen Bildung, editiert von R*. Schröder, 9–27. Wiesbaden: Springer Verlag.

Schudy, J. 2002. „Berufsorientierung als schulstufen- und fächerübergreifende Aufgabe". In: Berufsorientierung in der Schule. Grundlagen und Praxisbeispiele, editiert von J. Schudy, 9–16. Bad Heilbrunn: Verlag Julius Klinkhardt.

Abbildungsverzeichnis

Abb. 1.1	Die Disparitätenkarte —— 2	
Abb. 3.1	Der Kohleausstieg nach dem Kohleverstromungsbeendigungsgesetz – Verbleibende Stromerzeugungskapazitäten aus Braunkohle bis 2038 unter Berücksichtigung der sukzessiven Stilllegung der Braunkohlekraftwerke, in Megawatt$_{elektrisch}$ (netto) —— 34	
Abb. 3.2	Die Lage der deutschen Braunkohlereviere —— 35	
Abb. 3.3	Beschäftigte im Braunkohlenbergbau in Deutschland 1950–2020 —— 35	
Abb. 3.4	Belegschaft im Steinkohlenbergbau in Deutschland 1945–2018 —— 36	
Abb. 3.5	Beschäftigungsentwicklung in der Braunkohlewirtschaft nach Wirtschaftszweigen in Deutschland, 2007–2020 —— 37	
Abb. 3.6	Entwicklung der Gesamtbeschäftigung, 2007–2020 —— 38	
Abb. 3.7	Entwicklung der Braunkohlebeschäftigten, 2007–2020 —— 38	
Abb. 3.8	Beschäftigungsentwicklung von 2007–2020 und Spezialisierung (Lokationskoeffizient) in den Revieren 2020, jeweils im Juni —— 41	
Abb. 3.9	Erwartete Entwicklung des Erwerbspersonenpotenzials bis 2035 (gegenüber 2012) in den die Braunkohlereviere umfassenden Raumordnungsregionen —— 42	
Abb. 3.10	Altersstruktur der Beschäftigten in den Braunkohlerevieren, Juni 2020 —— 43	
Abb. 3.11	Anforderungsniveau der Tätigkeiten der Beschäftigten, Juni 2020 —— 44	
Abb. 3.12	Beschäftigte in der Braunkohlewirtschaft und deren Anteil an allen Beschäftigten in den Revieren nach Berufen, Juni 2020 —— 45	
Abb. 3.13	Monatliches Bruttomedianentgelt (Vollzeit, sozialversicherungspflichtig) in den Braunkohlerevieren in ausgewählten Wirtschaftszweigen, in Euro, Dezember 2019 —— 46	
Abb. 4.1	Geschätzte lokale Niveaus der Nettomietpreise bei Neuvermietungen sowie ihre Veränderung in Frankfurt am Main —— 64	
Abb. 4.2	Prozentualer Zuwachs im Wohnungsbestand durch Neubau (a) und mehr Einwohner je Hektar (b) im Stadtteil des Wohnungsstandorts: 2017 verglichen mit 2011; getrennt nach Dynamik der Mietpreisentwicklung; Mittelwerte und 95%-Konfidenzintervalle —— 67	
Abb. 4.3	Veränderungen des Einkommensmedians (a), der Arbeitslosenquote (b) und des Anteils der Einwohner ohne Migrationshintergrund (c) im Stadtteil des Wohnungsstandorts: 2017 verglichen mit 2011; getrennt nach Dynamik der Mietpreisentwicklung; Mittelwerte und 95%-Konfidenzintervalle —— 69	
Abb. 4.4	Frankfurt am Main, Stadtteile —— 75	
Abb. 5.1	Das Vier-Säulen-Modell der nachhaltigen Entwicklung von Städten mit Operationalisierungsbeispielen —— 78	
Abb. 5.2	Quadruple helix as a basis for smart innovations —— 81	
Abb. 6.1	Gründe vorzeitiger Vertragslösungen —— 90	
Abb. 6.2	riterien bei der Berufswahl aus Sicht von Schüler/-innen —— 94	
Abb. 6.3	Maßnahmen zur Gewinnung von Auszubildenden —— 96	
Abb. 6.4	Formen von Praxiskontakten, systematisiert nach Realitätsbezügen —— 97	

https://doi.org/10.1515/9783110701678-007

Abb. 6.5 Angebot an Praxiskontakten für den (Wirtschafts-)Unterricht, mögliche zeitliche Verordnung in den Jahrgangsstufen —— **100**
Abb. 6.6 Systematische Einbindung eines Praxiskontaktes in den Fachunterricht —— **100**

Tabellenverzeichnis

Tab. 3.1　Beschäftigung und Spezialisierung im Juni 2020 sowie Beschäftigungsentwicklung Juni 2007–Juni 2020 in ausgewählten Wirtschaftszweigen in den Braunkohlerevieren —— **48**

Tab. 3.2　Die regionale Zusammensetzung der Braunkohlereviere nach Kreisen —— **52**

Tab. 3.3　Abgrenzung der energieintensiven Industrien 2019 —— **52**

Tab. 4.1　Beschreibung der neuen Mieterhaushalte (Mietvertrag nicht älter als vier Jahre) und ihrer Wohnungen in Frankfurt am Main 2017 nach Wohnungsstandortkategorien, Durchschnittswerte —— **66**

Tab. 6.1　Problemtypen auf dem Arbeitsmarkt —— **89**

Autorenverzeichnis

Tina Fletemeyer ist wissenschaftliche Mitarbeiterin am Institut für ökonomische Bildung in Oldenburg und leitet dort den Bereich Berufliche Orientierung.

Stephan Friebel-Piechotta ist wissenschaftlicher Mitarbeiter am Institut für ökonomische Bildung in Oldenburg und leitet dort den Bereich Schulpraxis und Unterrichtsforschung.

Andreas Hartung ist wissenschaftlicher Mitarbeiter am Institut Wohnen und Umwelt in Darmstadt.

Martin Hennicke, Ministerialdirigent a. D., war im Wirtschaftsministerium des Landes Nordrhein-Westfalen für Strukturpolitik und Wirtschaftsförderung zuständig und bis 2017 Abteilungsleiter Politische Planung in der Staatskanzlei NRW. Er ist Mitglied des Arbeitskreises Nachhaltige Strukturpolitik der Friedrich-Ebert-Stiftung.

Max-Christopher Krapp ist wissenschaftlicher Mitarbeiter am Institut Wohnen und Umwelt in Darmstadt.

Per Kropp war 1998–2005 wissenschaftlicher Mitarbeiter bzw. Assistent am Institut für Soziologie der Universität Leipzig. Seit 2005 ist er Mitglied im Regionalen Forschungsnetz des Instituts für Arbeitsmarkt- und Berufsforschung (IAB).

Rüdiger Mautz ist wissenschaftlicher Mitarbeiter am Soziologischen Forschungsinstitut Göttingen (SOFI).

Max Ostermayer ist Referent für Klima-, Umwelt-, Energie- sowie regionale und sektorale Strukturpolitik in der Abteilung Analyse, Planung und Beratung der Friedrich-Ebert-Stiftung. Er leitet den Arbeitskreis Nachhaltige Strukturpolitik.

Helena Reingen-Eifler ist wissenschaftliche Mitarbeiterin am Soziologischen Forschungsinstitut Göttingen (SOFI).

Carolin Schröder ist promovierte Stadtplanerin (RWTH Aachen) und leitet den Bereich Partizipationsforschung am Zentrum Technik und Gesellschaft an der TU Berlin. Darüber hinaus lehrte sie an verschiedenen deutschen Hochschulen zu diesen Themen.

Holger Seibert war bis 2004 wissenschaftlicher Mitarbeiter am Max-Planck-Institut für Bildungsforschung Berlin. Seit 2005 ist er wissenschaftlicher Mitarbeiter im Regionalen Forschungsnetz des Instituts für Arbeitsmarkt- und Berufsforschung (IAB).

Heinrich Tiemann, Staatssekretär a. D., war Ministerialdirektor im Bundeskanzleramt, Staatssekretär in verschiedenen Bundesministerien und Staatssekretär des Auswärtigen Amts. Er ist Mitglied des Arbeitskreises Nachhaltige Strukturpolitik der Friedrich-Ebert-Stiftung.

Martin Vaché ist wissenschaftlicher Mitarbeiter am Institut Wohnen und Umwelt in Darmstadt.

Berthold Vogel ist geschäftsführender Direktor des Soziologischen Forschungsinstituts Göttingen (SOFI).

https://doi.org/10.1515/9783110701678-009